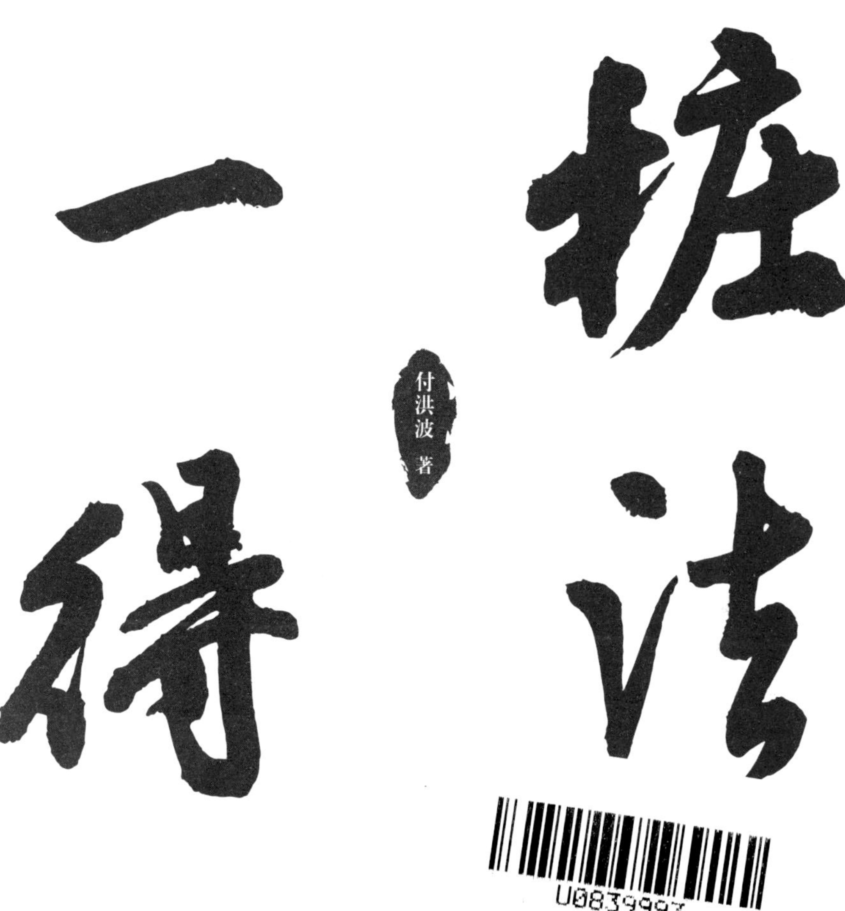

陕西新华出版传媒集团
陕西科学技术出版社
Shaanxi Science and Technology Press
——西安——

图书在版编目（CIP）数据

桩法一得 / 付洪波著 . — 西安：陕西科学技术出版社，2022.1

ISBN 978-7-5369-8154-6

Ⅰ . ①桩… Ⅱ . ①付… Ⅲ . ①桩功（武术）—基本知识 Ⅳ . ① G852

中国版本图书馆 CIP 数据核字（2021）第 132554 号

ZHUANGFA YIDE

桩法一得

付洪波 著

责任编辑 高 曼 刘亚梅
封面设计 武 艺

出 版 者 陕西新华出版传媒集团 陕西科学技术出版社
西安市曲江新区登高路 1388 号陕西新华出版传媒产业大厦 B 座
电话（029）81205187 传真（029）81205155 邮编 710061
http://www.snstp.com

发 行 者 陕西新华出版传媒集团 陕西科学技术出版社
电话（029）81205180 81206809

印 刷 凯德印刷（天津）有限公司
规 格 880mm × 1230mm 32 开
印 张 7.25
字 数 170 千字
版 次 2022 年 1 月第 1 版
2022 年 1 月第 1 次印刷
书 号 ISBN 978-7-5369-8154-6
定 价 58.00 元

體健神明

庚子五月 步一

著名学者、文博教育家、中国文物学会文博学院创始人、北京市和光书院博物馆馆长陈步一先生为本书题词

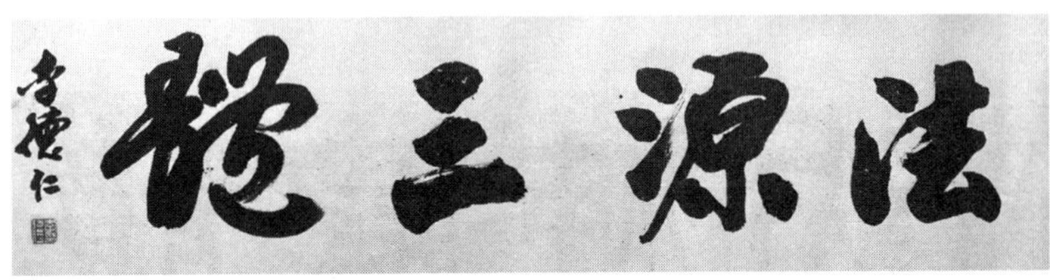

山西大学教授、博士生导师李德仁先生题词

感谢国际宋氏形意拳总会永远会监宋光华先生无私指导

同师父（王鲁东先生）、师母合影

和大家日常站桩

导演：Steven Michael Noel Taylor
（英国）
英国牛津布鲁克斯大学

制片人：孔雪
北京师范大学

参加由北京师范大学会林文化基金、中国文化国际传播研究院联合主办的《看中国》纪录片拍摄

参与百度百科形意拳非遗展示活动

序

我完全是中华武术的门外汉。因此，莫子（付洪波）老师年初邀我作序时，很自然地，我犹豫了好一阵子才勉强答应，然后，过了很久都没敢动笔。

再后来，我意识到，这可能是一次难得的机会。

作为中国武术的局外人和旁观者，作为一名热爱中华优秀传统文化又长期从事中国文化国际传播的中央英文媒体的记者，我终于有机会说一说自己眼里、心中的中国武术。

或许，这些话“不内行”“不学术”“不成熟”“不中听”，但我血滚烫、我心赤诚，眼光全面平视，立身中正不偏。我希望这一席话，能引发更多人对中国武术命运的关心和思索。

作为一名听着侠义评书、读着武侠小说、看着功夫影片、深藏为国为民侠客梦而成长起来的一名“70 后”普通中国人，我对中国武术的热爱是发自内心的。奇怪的是，随着年龄和阅历的增长，这种热忱没有消散、没有幻灭，反而变得愈发强烈和深沉。

从小到大，我对“武术是什么”“武者是什么”这类问题的思索从未停止过。我对武术的感受和认知也经历了一个漫长的演变过程：从早期最直观的飞檐走壁、刀光剑影、行侠仗义、除暴安良，到后来的江湖险恶、武林纷争、剑胆琴心、侠骨柔肠、侠之大者为国为民——这些认识，难免打着深深的文学烙印，有着浓浓的理想色彩。

到如今，我对武术的个人化认知是这样的：武术不仅仅是一门“东方格斗术”，也不仅仅是“民族/传统”体育，而是中国的古圣先贤通过勤苦钻研和亲修实证而获得、逐步完备且不断演进，关乎人的身、心、灵和谐，关乎中国人的文化身份认同，有利于全人类健康福祉，具有东方色彩和中国特色的一个博大精深的知识和技术体系。

千百年来，我们的先辈们对武术知识和技艺悉心呵护、视若生命。武术虽历尽沧桑，有残有缺，但终究火种不灭，流传至今。因此，这是一份弥足珍贵的民族文化遗产。

然而，中国武术，尤其是中国传统武术，其生存现状又着实令人扼腕、忧心：网络上充斥着关于“中国武术乱象”的各种负面消息。我发现以下这样一些现象，尤其值得引起国人的关注和讨论：

一是，近年来由资本主导、电视媒体搭台的武术擂台赛经常传出“事先排练、现场假打”的丑闻，娱乐化、低俗化炒作成为常态。这些商业化运作，一切以经济效益最大化为指引，既不能鼓励真功夫的习练与传承，也不能引导武坛风气向好。

二是，武术经常上网络热搜榜不是因为“武术成为奥运项目”这样的喜讯，而是因为一小撮有“神功”的假大师故弄玄虚，招摇过市，其实际水平暴露后，仍恬不知耻地继续忽悠，结果让大多数不明真相的公众对武术产生极为负面的印象。少数人为了私利不惜与资本家、掮客和骗子狼狈为奸，在牟取商业利益和虚名的同时，败坏了中国武术的名声，使老老实实低调平淡的习武者陷入尴尬境地：社会评价降低，更难以完成传承和弘扬武术技艺的使命。中国武术，尤其是传统武术，以前屏幕上那种神秘莫测的高大上形象已全面坍塌；“传武”正迅速变得“灰头土脸”“臭不可闻”，沦为任何网民都可随便“讥讽”的对象。

三是，一些地方为了发展经济，将一些头脑灵活者根据武侠小说和功夫电影情节，糅合当地原有的传统武术、“改装”其他地方的传统武术而自创的武术门派和拳种，也列为非物质文化遗产而加以宣传和保护；某些地方为了经济利益不顾历史事实，强行“抢注商标”，成为某拳种、某门派、某风格的发源地；一些人为了流芳百世而欺师灭祖、改拳创派，其实自身武学水平不高、教学也并无实质性的原创内容。

四是，外国的各种竞技体育、格斗术在不同年龄的中国人群中都被视为时髦、受到追捧，成为中国体育和健身培训市场的大赢家；而以弘扬中国本土武术为主打、数量规模和经营状况都处于下风的武馆和健身、养生机构却惨淡经营、步履维艰。据我了解，最极端的情况是，在一个三四线城市的商业综合体里，一家教中国武术的少儿培训机构可能被好几家跆拳道、空手道、合气道、日本剑道和巴西柔术等培训机构包围、挤压。

五是，当中国武术，尤其是传统武术在国内被一些无知者贬得一钱不值的时候，一些从海外社交媒体、平台倒灌回国内的视频则显示，很多欧美人士正刻苦钻研中国的武术技法，他们对中国武术的熟悉、尊重和热爱，着实让人惊叹！通过简单的网络搜索，我也发现了国外有很多由外籍教练执教的武术、气功专业培训机构。我本人在北京和武当山也接触了一些来自挪威、瑞典、新西兰、捷克、美国、德国、法国、日本和俄罗斯的外籍人士。他们专程来华寻找“有真东西”的传统武术传承人拜师学艺。

六是，一些人拥有官方认证的高武术段位，实际上武技水平令人不敢恭维，却可以名利双收，成为著作等身、开坛授课的教授；而另一些武术实战修为极高的人，却没有考取任何武术段位，甚至无法进入官方的专业武术协会。

七是，很多民间传统武术习练者虽有正宗传承，但迫于生计，只能以习武为业余喜好，不能专心将平生所学、所得传授给热爱武术的后辈，也无力投注足够精力、心力和财力精研理论、足量开展科学训练和研究以改进技艺，更谈不上以科技手段观测、分析、研究武术技击和健身背后的科学原理。

八是，“技不轻传”“教了徒弟饿死师父”等传统观念仍然盛行，过分地保密、保守技术细节，加之全能型、天才型的传承人稀少，导致很多古传实用武技的丢失、碎片化和失真、走样。

九是，中国武术界还存在不同门派、不同拳种互相轻视，互不往来的陋习。有时，一些人甚至为了门派之争、短期小利而互相谩骂和伤害。他们缺少宽广胸怀和长远眼光，没有想过能否多交流、多合作、多探讨，如何“抱团取暖”以及怎样一起努力让武术赢得国人和世界的信心和尊重，避免将好不容易流传至今的珍贵技艺丢失或损毁在自己这一代人手上，更没有意愿和气魄主动去接触、了解、学习和借鉴外国格斗术的实战技法和训练方法及其国际化、商业化、规范化的经验与做法。

我确信，值得引起武林人士和管理部门思考的现象远不止这些。我只希望，中国武术这个珍贵的民族文化遗产，不会很快散落成历史的尘埃，而是在不久的未来，在神州大地、在世界各地得以发扬光大。

我以为，武术不只是武林人士的专利，武术的前途不只是武术、体育和非遗管理部门以及官方媒体才应该关心的话题；每一位认同和热爱祖国优秀传统文化的中国人，都应该关心中国武术的未来。

中国武术，尤其是传统武术，在当代和未来，究竟有没有存在的价值？武术是否值得好好珍惜、保护和弘扬？我的答案都是肯定的。

以我肤浅的理解，就像中华医药一样，中华武术是中国人的宝贵的民族文化遗产，在今天和将来都具有重要的文化价值、美学价值与实用价值；中华武学蕴含丰富的科学与人文信息，具有极高的理论价值和实际功用，关乎人类的生命健康、文化身份，甚至心灵自由。我还预测，中国武术未来发展的方向和类型至少可以循着四个路径：实用防卫、商业竞技、健身康复和表演交流。

在现代监控科技和武器装备高度发展、社会法治建设成就卓著的当代文明社会，武术早已不再是历史上的“杀人技”，而是残缺不全、濒临灭绝，亟待保护、抢救的“非物质文化遗产”，提倡武术、鼓励习武，这与维护社会治安，也不存在任何矛盾和冲突。

为此我郑重呼吁：大家一起行动，以各自可能的方式和手段，尽快切实改善本土传统武术的社会形象、社会地位和生存环境；让我们一起来，为背负污名的中国武术寻一条活路！

文化名人、意见领袖、政府官员、体育管理部门、教育部门、文旅部门、官方媒体等更要负起责任，在全社会形成了解、理解、认可、尊重、喜爱武术，支持和参与武术发展的浓厚氛围，彻底扭转数典忘祖、盲目崇洋、自卑自贱、丑化矮化，甚至彻底否定传统武术的恶劣社会风气。

我们要从提倡“全民健身”，进化到提倡“全民尚武”，提升国民的“血性”和“正气”，让中国武术首先在国内公众心目中，享有和古琴、昆曲、书法、国画、茶艺、香道、禅修、花道一样的崇高地位；最终目标，是让中国武术在国内和全球享有同等于甚至远高于日本剑道、空手道、合气道，韩国跆拳道、巴西柔术等外来竞技体育的社会地位！

我认为，如果对武术抱有足够的尊敬和正确认知，一个习武之人，就能避开恃武逞强、好勇斗狠、争名夺利，或者故弄玄虚、哗众取宠、自取其辱的误区，而步入以武修身、以武入道、以武入禅、以武入医、以武入世、以武入艺、文武兼修的正途。

最后，谈一谈臭子老师和他这本讲桩法的新书。我与莫子老师相识多年，这些年，眼看着他一步一步摸索前行，艰难困苦而不言放弃，终于梦想成真。作为一位核雕非遗技艺传承人，莫子老师同时矢志弘扬道家内丹功和宋氏形意拳等优秀传统文化，我对此十分钦佩、欣慰和感动！最近，他将自己研习和教学的阶段性收获整理成书，与同道同好分享交流，这又是一件可喜可贺的事情！

我感觉，桩功是中国传统武术的重要筑基功夫和实证有效的养生健身利器。据我多年的了解，国内外已有很多关于站桩的出版物。有关站桩的网文、视频以及培训课程也很多。但是，目前市面上关于桩功的书籍、影音和文章，多囿于一门一派、一招一式、一点一滴，或天花乱坠、神神鬼鬼、夸张玄惑，或妄谈创新、胡拼乱凑、欺世牟利，不足以让人一睹知识和技艺全貌，不能让人形成客观而科学的认知，无助于习练者切实掌握桩法要旨，更无法让人通过符合理法的站桩实践而真实受益。

莫子老师的这本新书，既系统梳理桩法演变的历程，并从道艺和武艺视角加以剖析，又对桩法习练窍要进行图文并茂的阐释，还以现代医学为依据对桩功惊人健身强身效果的背后机理进行了有力论证。

我对站桩健身一法只浅尝辄止，不敢断言莫子老师的书会成为前无古人、后无来者的经典。但我相信，这本书对于有兴趣系统了解桩功这门传武技艺，或者有意愿亲身尝试通过站桩健身、强身、修身养性的读者，肯定有着独特的参考价值与指导意义。对于武林人士、医疗康复专业人士，本书亦有一定的借鉴和启发意义。

朱林勇

2020 年 6 月 15 日于北京

前　言

千百年来，我们的祖先在社会生活和生产斗争中创造了灿烂的中华文化，为世界文明贡献出了自己的聪明才智。

中华传统文化博大精深，体系完备，中国武术作为中华民族传统文化的重要组成部分，与中国书法、中国中医、中国京剧并称中国四大国粹[①]。国家主席习近平于2015年3月2日在北京人民大会堂会见英国剑桥公爵威廉王子时就表示，希望中英两国除了中超联赛和英超联赛的合作之外，在武术、气功等项目上也举行一系列的交流和赛事[②]。

随着时代的发展，近年来，许多国外武术爱好者通过练习中国武术了解、认识中国文化，探索东方文明。功夫作为传递古老东方神秘力量的桥梁，在我们与世界各国人民的友好交往中发挥着极大的作用。更重要的是，功夫所承载的中华文明精神内核一直团结着海内外同胞，发挥着重塑炎黄血性、振奋民族精神的重要作用。传统文化应该成为中华

---

① https://baike.sogou.com/v581873.htm？fromTitle=%E5%9B%9B%E5%A4%A7%E5%9B%BD%E7%B2%B9.

② 新华网，http://www.xinhuanet.com/world/2015-10/21/c_1116886792.htm.

民族强大崛起的前提，这已是华夏民族的共识，每一个中国人都应该珍惜和爱护我们中华文化所蕴含的人生智慧及浩然正气，并因之而感到自豪和骄傲。

站桩作为众多武术门派的基本功，既是一种体能锻炼，也是一种精神修养。它首先要求正身，脊柱要直，身形要正。俗话说：身正不怕影子歪，凡事堂堂正正、光明磊落，正身的同时要求内心放松，把心里的种种负面情绪随时清理掉，使自己的身心都能达到并保持一个中正安舒的状态。这就是“克己复礼”，就是“我善养吾浩然之气”[①]。身体正了，心也就能跟着沉静下来。这时身体里会有一股正气沿着中脉升腾起来，“其为气也，至大至刚，以直养而无害，则塞于天地之间”[②]。有了这股气，内心的力量就会比以前更强大，忧郁、悲伤、骄傲、贪婪、恐惧、愤恨、患得患失等负面情绪都会化为乌有，取而代之的是身心所焕发出的一种阳光喜悦的健康状态，这就是站桩修正身心的效果。

站桩，蕴含着天地人和的奥秘与智慧，需要我们以谦恭的心态去体悟。通过站桩，我们可以认识自己，身体的每一个毛孔，内心的每一寸空间，“其小无内”[③]；通过站桩，我们可以体察自身与宇宙万物的关系，“其大无外”[④]。“吾日三省吾身”[⑤]，通过站桩过程中的省察和内观，我们可以化掉内心深处的各种负面能量和意识信号，修正自我，提升品格，涵养德行。站桩的过程其实就是一个“格物、致知、诚意、正心”

---

① 《孟子·公孙丑上》。

② 《孟子·公孙丑上》。

③ 《吕氏春秋·下贤》。

④ 《吕氏春秋·下贤》。

⑤ 《论语·学而》。

的过程，目的从小往大可以是“修身、齐家、治国、平天下”[1]。

西方的体育精神追求更快更高更强，东方智慧则更专注身体与内心的同步体验。站桩，就是这一人生智慧的上乘实践。

当年李小龙通过站桩蓄力练成“寸拳”，今天的 UFC（中级格斗冠军赛）冠军张伟丽也通过站桩练习“整劲”。无论“寸拳”还是“整劲”其实练的都是筋膜发力。运动员通过站桩在静态作用下对筋膜张力的练习，提供体育竞技所需要的强大体能及爆发力。西方的康复专家近年来也在研究筋膜理论。我们普通人也可以通过站桩并结合练习一些传统动功，如形意、太极、八段锦等来获得身体与内心的康健。

我在桩法上先后传承了三元老人的道家功夫、宋氏形意“维”字辈传人王鲁东先生及宋氏形意拳掌门宋光华师爷授业点化而深受其益，王鲁东先生是引领我进入宋氏形意拳之门的启蒙恩师。此书初成之际，承蒙恩师王鲁东先生赠诗一首：

为徒书题照

王鲁东

传武桩功屹山河，
筑基养生延化多。
笔端任督见功夫，
儒侠一师付洪波。

“侠”“师”二字愧不敢当，承蒙师友们的厚爱，笔者只是想让更

① 《礼记·大学》八目。

多的人因站桩而受益。追求天地人和的站桩是一种包涵大爱的锻炼形式。爱是一种能量，人与人之间的关爱和谐是协调相互关系的黏合剂和润滑剂，是和谐人类和自然关系的大气场。虽然站桩是作为内家拳的基础功夫并由近、现代武术家推广而为大众所知的，当代中医也非常推荐以站桩来养生，但鲜为人知的是其心法乃源于儒释道之合流：儒家的克己、直养，佛家的正念、内观，道家的心斋、坐忘、致虚守静等都是站桩的不二心法。所以，我经常说站桩延续的是中华文脉。可惜的是，市面上的桩法出版物极少，估计是因为历史上功家认为桩法乃“不传之秘”以及“文化大革命”造成的传续断层。我受恩师点化受益不愿独受其益，因此决定在不惑之年出版此书，希望在桩法的传播、传承上尽自己的微薄之力。

付洪波

2021 年 5 月

目　录

第一章　桩法溯源

站桩的前世今生及传承发展

站桩最初源自道家文化，在中国武术中常用来增强下肢力量（马步桩），在养生中也被广泛地运用，是中华民族所独有的一种修炼身体、平衡内心的方式，是我国一项宝贵的文化遗产。

为了方便现在的年轻人理解，我们可以把站桩理解为一种站立的冥想。站桩的心法与静坐、行禅、卧禅是一致的，但站桩在姿态上另有它的独特性和独到作用。站桩的过程是要求形神俱妙的，其结果也是形神俱妙的，这是道家养生的独特追求。

令人困惑的是，站桩这样神奇的功夫在历史上却很难找到明确的记载，但仔细追寻，我们可以发现它最初的精神源头和理论基础均来自古代道家。当代的桩家最常引用的是《黄帝内经》里所说的“提挈天地，把握阴阳，呼吸精气，独立守神，肌肉若一”[①]，并认为这是关于站桩的最早记载。我不是古文字方面的学者，并不敢妄言这里的“独立守神”就是指以站立的姿态守神。但以我所受的传承和个人的体验，完全可以说，即便“独立

① 《黄帝内经·素问》第一篇《上古天真论》中记载：“黄帝曰：余闻上古有真人者，提挈天地，把握阴阳，呼吸精气，独立守神，肌肉若一，故能寿敝天地，无有终时，此其道生。”

守神”仅指心独立于外物，不受外界干扰，但这也正是站桩的心法；而“肌肉若一”正是站桩进入完全放松状态后的身体感受；至于“提挈天地，把握阴阳，呼吸精气”则是对站桩所能达到的更深层次境界的描述，也是站桩的最上乘法门。道家经典里有很多关于修炼身心的描述，这些描述被历代桩家当作修炼指南。例如，《管子·心术上第三十六》有云：“心之在体，君之位也；九窍之有职，官之分也。心处其道。九窍循理；嗜欲充益，目不见色，耳不闻声。故曰上离其道，下失其事。毋代马走，使尽其力；毋代鸟飞，使弊其羽翼；毋先物动，以观其则。动则失位，静乃自得。”这里论述了心为主君以及如何静观。对桩家来说，《老子》更是提供了修炼的根本要诀，如“至虚极，守静笃”“虚其心，实其腹”“多言数穷，不如守中”“载营魄抱一，能无离乎？专气致柔，能如婴儿乎”。《庄子》里面则借儒家之口讲了心斋和坐忘：“仲尼曰：若一志，无听之以耳而听之以心；无听之以心而听之以气。听止于耳，心止于符。气也者，虚而待物者也。唯道集虚。虚者，心斋也。”“颜回曰：堕肢体，黜聪明，离形去知，同于大通，此谓坐忘。”可以说，在我们站桩的过程中，心斋是开始，坐忘是结果。

综上可以看出，站桩的心法来源于古代的道家，早于佛教传入中国，但后来佛家的一些智慧尤其是达摩祖师的易筋洗髓之法和后世禅宗的心法也为桩家所借鉴应用。

至于以站桩养生，在宋代以前也属常见，如马王堆西汉古墓出土的《导引图》中就有大量实例。

对站桩这样一种站立式修炼方式，另外还有一个鲜为人知的经典记载：讲的是金朝时期，中原北方全真教王重阳门下全真七子之一的玉阳子王处一道人。全真教在武林中有“天下武学玄门正宗”的美誉。其创立者王重阳也是道家内丹术北宗的创立者，儒释道三教合一的倡导者。内丹术是道家通过对精气神的修炼达到祛病、健身、修仙目的的独特方法。史实记载：王处一长期隐于云光洞，常临危崖跷足而立，数日不动，人称“铁脚仙人”。洞居九年，制炼形魂，心地开明。长春子丘处机赠诗颂云：“九夏迎阳立，三冬抱雪眠。”时金章宗好长生之道，曾问以养生之道和性命之理，处一答以道家清静无为，少私寡欲为对；又问性命之理，处一说：“内丹之说，以心运气，是皆无为而自然，斡旋造化，玄元至道不为而成者也。”又问以治理天下及边境事，处一答对皆合上心。章宗又问：“先生凡朕所问，必知答案，这有诀窍吗？”处一回答：“偶然碰巧而已。”章宗又问：“不必谦让，朕想听听。”处一回答：“镜子明亮，才能映见万物，天地之鉴，须自己灵明，则自见其妙。”王处一炼形九年，得大道之要后下山布道，在中国北方产生了极大的影响，凡所作诗歌千余首，目之曰：《云光集》，收于明正统《道藏》中。这些史料记载提示了站立式修炼与道家养生术的渊源。由以上经典文献和史实可见站桩的源头和演化之端倪，站桩在以儒释道为代表的中国传统文化中，尤其道家及相衍生的内家拳武学中传承的最为精要。

随着历史的发展，照片成了记录历史最好的工具，站桩得以以图文并茂、内涵丰富的形式出现。目前可清晰考证的以中国武术中形意拳体系的三体式桩最为丰富、全面。1840年以来，中国经历对外战争，主权丧失，饱受凌辱，中国人被戴上了“东亚病夫”的耻辱帽子。1912年，孙中山先生在南昌军政学联合欢迎会上发表了演说并号召“使四万万同胞均有尚武之精神，使中华民国富武力之保障”。同年9月8日，在北方武术界威望极高的形意拳名师李存义以其65岁高龄在天津创办中华武士会。在这样的背景下，有着深厚历史底蕴的形意拳传人在此国家动荡危难之时，怀着一腔爱国热血，挺身而出，凭其高超的功夫及深厚的文化底蕴，为国家民族之兴盛倾洒热血。李存义联合形意拳传人重新定义了“华邦维武尚，社会统强宁”的十字排辈，寄托了盼望祖国统一强大、社会安宁和谐的愿望及高尚的爱国情怀。1913年形意拳传人刘殿琛任北洋法政学校武术教员，先后亦在陆军武术技术教练所、清华学校（今清华大学前身）等处任武术教员，任天津中华武士会总教习，并出版有《形意拳术诀微》一书。对三体式站桩从筋骨、筋肉、气血等进行了深入的剖析。

同期被誉为近代武学圣手的孙禄堂先生，于1915年出版了著作《形意拳学》。因为两者在当时的武术界都有着极高的影响力，形意拳秘不外传的三体式在武术界被广为人知。一直到近代两书亦为内家拳学理论典范。1916年，天津南开学校增设国术馆，形意拳门人韩慕侠为国术教员，同时留下了与青年时代的周恩来的一段不解的学武情缘。

1919年孙中山先生先后为上海精武体育总会题词“尚武精神”，为上海交大技击部题词“强国强种”。1927年由国民政府直接领导，经费由国库开支，张之江先生牵头创办中央国术馆，以“强种救国，御侮图存”为口号，培养术德并重，文化、科学、武术并重的人才。1928年形意拳传人朱国富参加第一届武术国考获榜首，随之进入中央国术馆任教务处长，教授形意拳及军刺格斗课。形意拳亦被尊为国术之典范，盛极一时，名家辈出，传播远广，出现了辉煌时刻，也就是后人所谓的中华武术界的“黄金十年”。1931 年“九一八事变”，形意门人也同众多武术家一样参与到抗日救国的行动中，其中最为著名的就是 1933 年 3 月的喜峰口战役中 29 军大刀队。

1958 年，在北京，一生传奇、桩功深厚莫测、时年已 73 岁的王芗斋先生（王芗斋先生自幼在河北形意拳大师郭云深门下苦习形意门秘传站桩）开始公开传授多种武术界秘而不宣的站桩功，在海内外武术界引起巨大的轰动，学者络绎不绝，包括当时众多各界运动健将及社会精英。王芗斋先生受当时北京中医研究院的邀请，面向大众进行以站桩为主治疗各种慢性疾病的保健工作，为很多患者解除了痛苦，使站桩再一次被广大普通民众所熟知。在当时，站桩的神奇效果让站桩功（现在流行的养生桩法抱球混元桩）名声大起，在医药匮乏的年代，为当时普通人的健康做出了贡献。

王芗斋先生作为一代意拳宗师，对整个站桩文化起到了巨大的推广和影响作用。在 20 世纪 90 年代几乎所有主流武术杂志都有意拳（亦名大成拳）门人传播练拳站桩的身影。实事求是地说，当代很多流行的站桩方法，尤其是桩法要领、换劲、筋骨锻炼及矛盾学说等内在的要求，在传播上基本都是沿用了流传数百年形（心）意拳中的理论体系，特别是王芗斋先生遗留的部分著作。

综上所述，在历史的发展中，站桩更多地成了武术家提高其武术格斗中自身筋骨质量及劲力潜能的一个重要乃至于秘密的训练手段。除此以外，因为历史及演变的不同，不同风格的站桩亦存在于不同门派之中，因未能得到很好的传播而鲜为人知。不同的手形、不同的姿势以及不同的内在要领，都构成了桩法里面不同的效果。在不同的层次阶段大家也都会从中得到不同的益处。

第二章　体健神明

古德有云：进德修业，莫若正己。己一正，则无所不正。一切形名，非正不立。一切事故，非正不成。

我的站桩经历

我从 19 岁才接触站桩，虽然不是很早，但到现在已经 20 多年了。当初在四川随恩师三元老人修习内丹养生功，并不是单纯的武术。我的祖籍是山东胶东半岛，是螳螂拳的发源地，民间尚武风气比较浓，加上 20 世纪七八十年代没什么娱乐，练武术成了孩子们最喜欢的事，家长怕孩子在外吃亏，也大都支持。同时那个时代受电视剧《西游记》，金庸、古龙的武侠小说，以及《少林寺》等武侠电影等的影响，也有些不切实际的“仙侠梦”。

现实和理想毕竟不同，幻想与电影中那般的飞来飞去并不存在。无意间踏入传统的道家文化，对于刚刚成人的我来说是比较枯燥的。师父采用的是一个强化、封闭式的训练。从早到晚，一个功时 2 个小时起，一天最少 8 小时。这期间，除了晚上休息可以躺着练睡功外，其余就是 2 个姿势：立着站桩和坐着打坐。

当时我年纪属于比较小的，有时候调皮爱讲句话，经常会被惩罚，但大家都比较喜欢我这个小朋友，所以也没有太多的责怪。在枯燥的练功生活中，我总是按捺不住好奇心。有位老师兄是跟师父比较久、很和善。有一次，一位老是教训我不好好闭关的师兄为了“镇服”我，在我面前卖弄腿法，我随即用了个散手加绊子把他“扔”了出去。旁边的老师兄见了，他当时已是一位很有影响力的武术家，来自武术之乡河北，可能我投了他的脾气，所以之后他非常关照和疼爱我这个小朋友。我好奇他的本领，他就偶尔演示给我看。他说他从小主练内家拳的形意拳和八卦掌，到处求师访道。我第一次通过他了解了所谓的内家拳。当时我们住的山上石头很多，他随手拿起一块小石子，给我展示内功，像运了气一样，手掌往鹅卵石上一印，没看他怎么使劲，石头就裂成了几块。我以为是戏法，或砍砖头的那种技巧，也找了块一样的石头试，却没有他的功力。当时我的内心很激动，好像见到了武侠梦中的神功一般。这是我第一次对内功的了解，自此便开了眼界。以后的日子里，我明白了桩法是内功的基础，并深入体悟道家桩功那些比较严格的修炼层次及体系。

“屈指从前炼九宫，般般真意为纲领，九年打破太虚空，跨鹤乘鸾任游骋。”这是我们早期修炼太乙九宫桩时的一首歌诀。

近代意拳宗师王芗斋常说站桩是聪明人下傻功夫，第一等的功夫一定不能投机取巧的，因为聪明反被聪明误，这点非常重要。我们在功夫里面要小聪明是成不了大器的，但是也不能不聪明，不会思考也不行。知行合一才是真正的王道，练功要坚持、执着、勤思、善悟，在这门道学传承系统中，只有严谨练习并体认，才能对站桩的层次有清晰的洞晓。

小时候对站桩的理解就是站马步，少林功夫中四平大马的那种，理解非常肤浅，对我们自身的神、意、气及心、性等根本没有切实的体认。后来觉得一定要先搞明白站桩究竟是什么才最重要，包括了解自己的身体和心念，这样才能了解生命，了解宇宙自然。虽然抬头是山低头也是山的苦修日子十分枯燥，但是身心在修炼中得到的强健令我乐此不疲。

站桩强调身体与内心同步的体认，使身体百脉气血通畅，达到古人所讲的“易筋洗髓”的效果，同时要求有良好的道德品性，因此必须提升个人的素养。

我刚练的第一年站的是无极桩，即两腿直立，双手自然下垂，按要求独立守神。做功夫首先要定住自己的心神，当你的心神能够定下来了，也就有了“诚”心，然后才有下一步的功夫。第二年则是太乙桩。

在各种运动体系中，站桩锻炼有着极为特别的健身功用。站桩可以刺激深层次肌肉组织及内脏，可以促进血液循环，增强筋膜强度，使身体处于高质量的健康状态，以展现出狮虎般的勇猛又兼具君子般谦恭与含蓄的刚柔并济的特质。用手触摸身体表层让人感觉如猫一样松柔如绵，可是再深入感触，身体结实得却犹如大山一样浑厚坚实。

或许这就是武术训练将站桩作为提升练习者综合对抗能力的重要原因之一吧，同时，站桩也是内家拳艺的精髓所在（太极拳之阴阳、形意拳之三才五行、八卦掌皆依道家文化之衍生）。

个人认为站桩到一定程度上所表现出来的狮虎般的勇猛之力与谦恭含蓄的精神素养恰恰是我们中华文明中柔而非弱的具体体现，也是我们华夏子孙人人应具有的一种健康标准——“体健神明”！

第三章　桩法中枢

站桩在由传统道学分出至内家拳的传承中，到现在被分离并普及开来，从隐到显，从单到多，由小众成为大众。其简而有力的养生保健效果也越来越被大家熟知并使人们日益受益。为了让更多的人了解并践行我们中华民族这一独有的站桩法门，有迹可循，有法可依，我将自己 23 年来对传统道家内丹功夫的站桩（道艺）及内家拳（武艺）的站桩实践心得分享如下。

生生不已——无极桩

《道德经》第二十八章云："知其雄，守其雌，为天下溪。为天下溪，常德不离，复归于婴儿。知其白，守其黑，为天下式。为天下式，常德不忒，复归于无极。""知雄守雌、知白守黑"，这两句告诉我们，世间万物无不是在矛盾中统一，彼此平衡、相互制约的。有白就有黑，有刚就有柔，所以，如果我们求取至大至刚，就必须用至微至柔的方法，如此方能圆融。

无极桩第一式：独立守神

无极桩起式（图 3–1）：两脚自然以外八字并步站立，身体正直，头正肩松，两手自然下垂于体侧。舌抵上腭，双目微闭。

图 3-1 无极桩起式：独立守神

无极桩是最古朴的独立守神，形同罚站，细思曾被教师视为“放之四海而皆准”的罚站也并非无“可取之处”。人最难的就是自我反省。善于自省的人一定会有非凡的格局和人生。儒家主要代表人之一的曾子在《论语·学而》中提出“吾日三省吾身”的修养方法，被誉为千古家训之首的《曾国藩家训》首先提出的就是“省”。谦受益，满招损。抛开功夫不说，当你这样一站，原本嚣然而起的不安和浮躁自然就被息止了，开玩笑地说如果加上面壁，应该更有好的效果。当然世间的学问我们不能断章取义，任何事物都存在一个度，需要合理智慧地观察和把握。我们站桩前要把所有的爱与恨、得与失、喜与悲统统放下。如此一站，昏昏默默，无视无听，抱神以静，形必自正。如此一站，万缘放下，心如长空，自然心清意净。如此一站，活活泼泼，独立于自然宇宙之内，神形合一，自然长生久视。中国民族传统文化之所以能够延续数千年，“天人合一”的哲学思想是一种主轴般的存在。“天人合一”是人与自然的呼应与平衡。

站无极桩要学会看到自己的内心。人都觉得大脑指挥身体，但《黄帝内经·素问》灵兰秘典论篇第八中指出：“心者，君王之官，神明出焉。”其意为心才是我们真正的主人。无极桩首先要正意诚心，如果心不诚、意不定，定然生疑，先会怀疑这个方法，这么站着干啥，一站几小时，有没有用？信心一动摇，人就不想努力了。其实真功夫没有花哨，就是心清意净，首先要把这些思维障碍扫除。

心首先是良知，一念至诚。做功夫就是这样，简单的一站或一坐，一心专注，也暗合了儒家至诚之道，而至诚之道必达至圣之境。所以，这个无极桩从一开始就要学会在清净中观察自己的内心。

无极桩第二式：固气养元

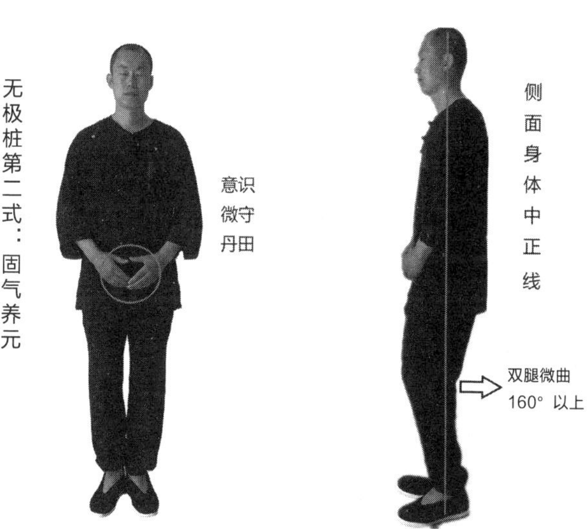

图 3-2　固气养元式正面图　　图 3-3　固气养元式侧面图

图 3-4　固气养元式背面图

无极桩分 3 个过程：第一站使学者正其心、诚其意，把自己浮动不安的意识放下，洗心涤虑，按道门中的说法就是源头要清澈，再通过第二式固气养元（图 3-2 至图 3-4）来储蓄体内的元气。这样产生出来的阳气就精纯，阳气充足人的身体自然健康。通过第一式正意诚心修炼至自己内心纯净平和之后，我们把双手掌微罩丹田，年轻人不可太近，体虚者或老人前百日可贴放腹部，促使体内的真元阳气开始凝聚，同时四肢微弯曲，以谦恭意敬、身体含蓄的状态专注在下丹田，先贤有云：如鸡抱卵。如此专注，守一不二，这样自身精气便逐步自动凝聚于丹田。

无极桩第三式：开背展阳

随着日久功深，丹田气足。古语称“相火”或“命火”，即命门、尾椎等部位自然开始有各种跳动的现象。此时需要身体微微配合，将背部伸展、打开，即第三式开背展阳（图 3-5 至图

3-7），使所生之阳气滋养五脏六腑。

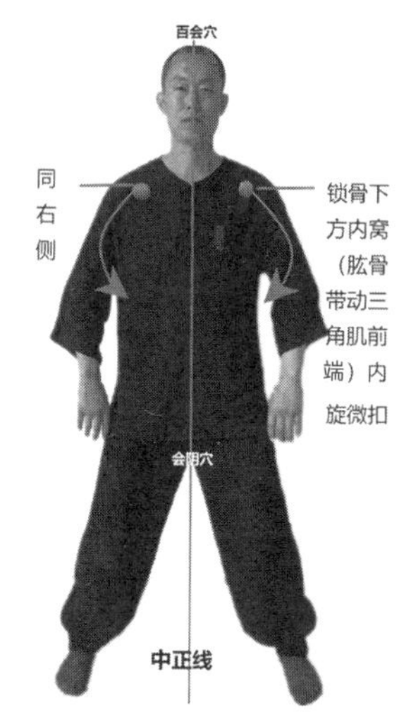

图 3-5　开背展阳式正面图

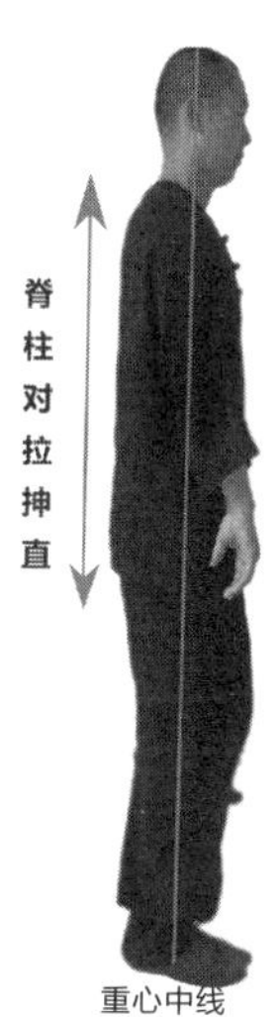

图 3-6　开背展阳式侧面图

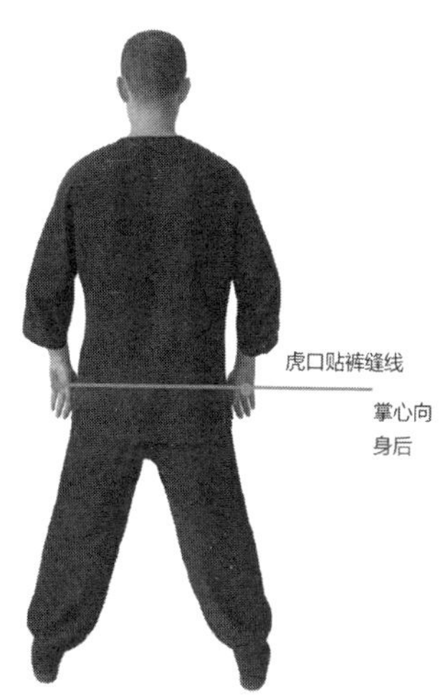

图 3-7　开背展阳式背面图

《黄帝内经·素问》金匮真言论篇云："背为阳，阳中之阳，心也；背为阳，阳中之阴，肺也；腹为阴，阴中之阴，肾也。"

背部作为以脊椎为中心的整个人体的全息缩影，是祖国传统医学及现代医学共同认可的。传统的医疗保健，如刮痧、针灸、按摩等均会通过背部来实现对脏腑及慢性疾病的调理，人体的五脏六腑也均可在背部找到相应的对应区（图 3-8）。

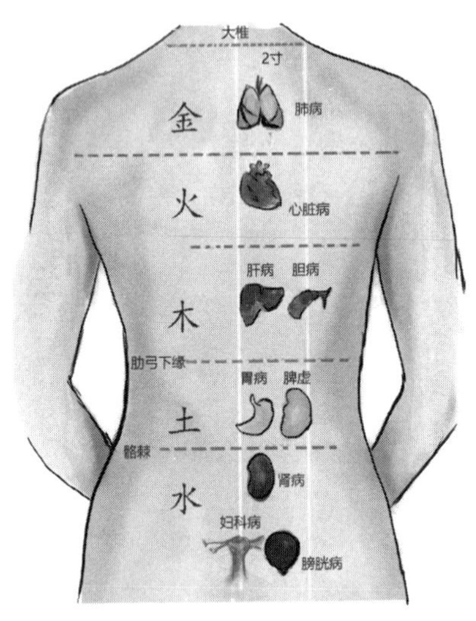

图 3-8　背部脏腑全息图

如背上部对应肺和心脏，背下部对应肝、胆、脾、胃，腰下部对应肾、膀胱、大肠和小肠。中年后多晒太阳，除了补钙功能外，就是通过晒背，多吸收太阳的能量培补自己的元气。

无极桩要注意背部的舒展及均匀的平铺打开，古人讲"气贴行于背"，同时这也是一种细微的深层肌肉群运动，以激活背部已经僵化的神经元。但是练无极桩不能着急，因为意识一急，肉体就会跟随着紧张。所以，我们在体认的过程中，要注意放松，意识上不要走入强求和刻意引导的误区，从而产生种种的贪求和欲望。这也是贯穿于整个功夫体系中的，尊重自然存在和发生的就是最好的状态。

固气养元和心意六合拳[①]中的蹲猴桩（图 3–9）起式动作极为相似。蹲猴桩为山西戴氏心意六合拳法的第一秘传桩法，原称先天一气六合乾坤桩法。两者不同的是蹲猴桩其实是一套动态桩法。

图 3–9　蹲猴桩

① 2008年6月7日，心意拳经国务院批准被列入第二批国家级非物质文化遗产名录。

内家功夫里的“精养灵根气养神，元阳不走得其真；丹田养就长命宝，万两黄金不与人”这四句口诀，源自心意拳的蹲猴桩（练习蹲猴桩不提倡模仿，一定要明理，有名师指点，在传承过程中很多人过于强调外形的缩束，导致自身乃至从学者容易出现弯腰驼背的弊病，影响体型及青少年发育，此现象极多）。

综合内家拳的体系，千百年来放在重要位置的就是中华传统道家文化，以调形调息、修身养性、涵养道德、文韬武略、利国利民为根本，并不专重技击一端。始终在神气、心性上下功夫。例如，形意拳内功体系始终以种种规矩调身正体，使气血充足，身体健康有力，以此过程中所呈现的人体高度强健状态作为练拳的基本素质，从未讲用某一手法如何击打其要害等，而是以正身调形、改造身体健康为第一，以技击作为末技，若求技击之道，则需另外专习各种技术运用。所谓“三生万物”，有了综合功力，体质强了，还要再学习很多技法将其应用出来，否则便不能学为所用，很多人不了解武艺、道艺二者的分别，张冠李戴，糊涂一生，误人子弟，害人害己。

无极桩的3个简单的外形动作，一看就能学会，可在传统的练习中，就像达·芬奇画鸡蛋一样，要熬上很多年，去体会和印证身心世界每一点点的细微的变化。如此观照，非至诚至信的后学子弟难以成为大才。或许这就是修道者多如牛毛、得道者凤毛麟角的主要因素之一吧！

真正的功夫一定没有速成，用古语讲就是一定要有次第，按照顺序，一个接一个，一层功夫一重天，即所谓王道无近功。如果非要说速成，也就是你有福，遇对了师父，没有走弯路。国内有部《百鸟朝凤》的电影，讲了德高望重的唢呐老艺人带领徒弟们用执着的热情与坚定的信念追求和传承唢呐技艺的故事。其中“父子相传，师徒相授”是中国由来已久的典型技艺传承方式，广泛应用在我们熟知的手工艺术、体育（武学）、中医和表演中。师徒通过手把手、口传、心授的传帮带方式，培养出下一代传人。

我在闭关 2 年之后，下山入世修行。那个时候站桩不像现在好像很时尚，我在外工作，大都是与室友合住，如果你在那里摆姿势，人家肯定会取笑你。所以，为了避免干扰，基本上我都是下班后以各种约会为借口，找一避人角落，以站桩来调节一天的状态，或者佯睡调息，掩饰起来锻炼。

正如《道德经》中所说：“上士闻道，勤而行之；中士闻道，若存若亡；下士闻道，大笑之。不笑不足以为道。”

积健成雄——太乙九宫桩

大凡世间任何伟大的成就都在于坚持与积累。现代人都讲速成，或者贪多，什么都求最快，就像打井，一天挖不到水便要换地方，又好像各种“圈”，很多明星红得很快，跌下来得也快。因为他们飘在空中、太浮躁，缺乏品德素养的沉淀和基础。

古人的物质生活对比现代固然落后，但是在各个领域有着高超造诣的大家却层出不穷，流芳百世，各领风骚。这值得我们思考。

真正的速成不是投机取巧，而是人们在千锤百炼的实践中得到的最简捷、有效的方法。按此方法去实践，每一个人都能收到比原来按部就班更良好的效果。太乙九宫桩就是相对于其他姿势而言更加简捷有效的优秀桩法。

太乙桩正面姿势图，如图 3-10 所示。

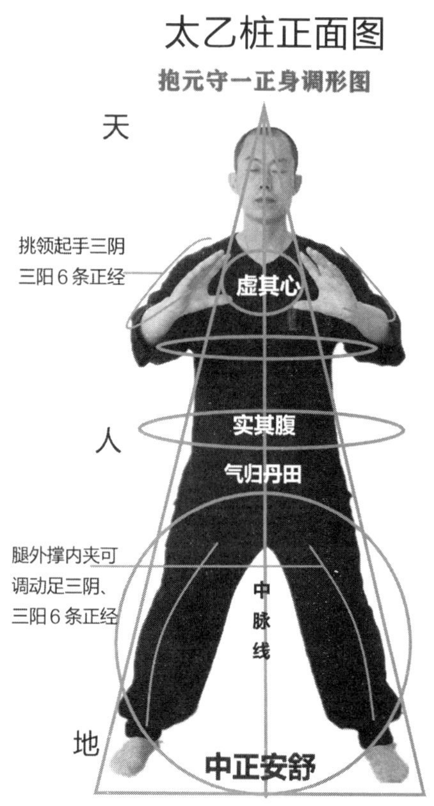

图 3-10　挑领十二经筋

太乙桩侧面姿势图，如图 3-11 所示。

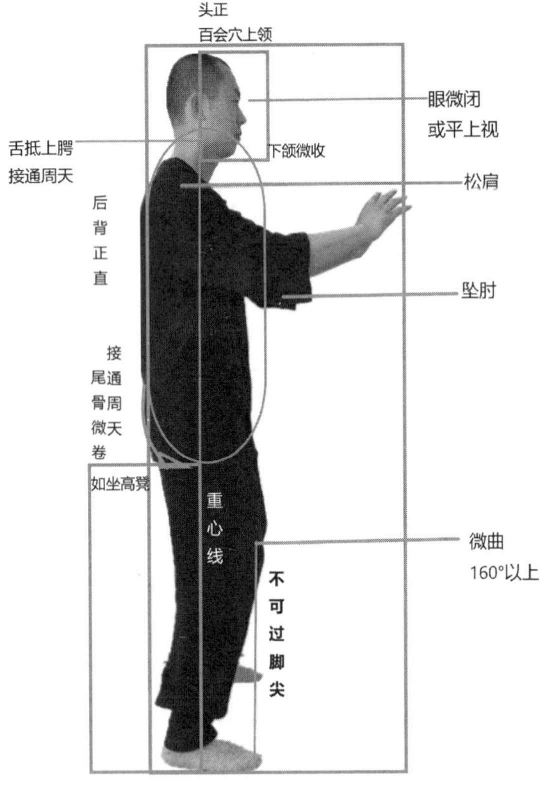

图 3-11　周天循环阐秘图

太乙桩背面姿势图，如图 3-12 所示。

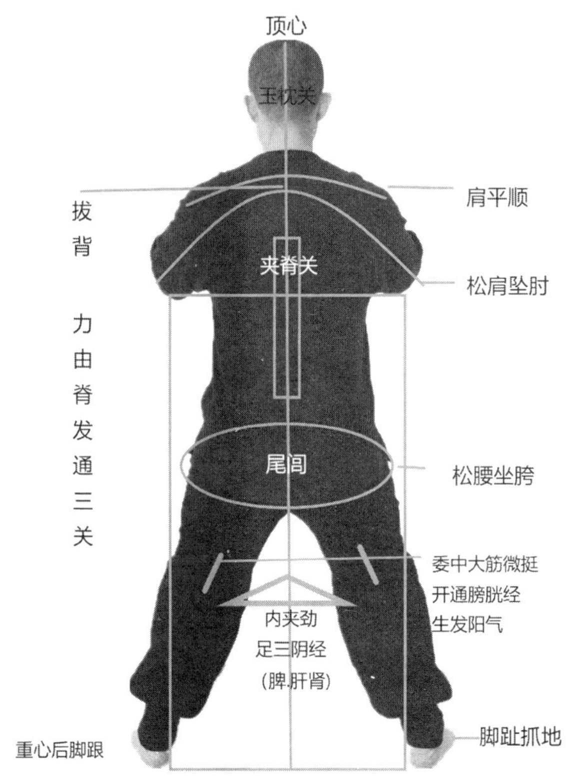

图 3-12　力由脊发通三关

太乙桩的原名之一为太乙九宫神力桩。现在看来，无论怎样的名称都是为人们的健康服务。所以，我们不需要理解得很复杂玄虚，大道至简，就把九宫看成人的整体或者整个脏腑系统就好。在道家经典《黄庭经》[①]中，体内九宫特指心、肝、脾、肺、肾、大肠、胆、小肠、膀胱等九位真人。如果我们的这些脏腑健康了，就不会有致命的病变。

太乙桩在无极桩打开的基础上让身体像球一样继续膨胀打开，像晾衣服，把自己的骨架撑起来，让筋肉（形意拳中筋肉的二字比肌肉更贴切）没有皱褶地舒展打开。前辈们形容站桩为“玉树挂宝衣”，实在太贴切了。太乙桩这个姿势的奥妙在于松肩坠肘的手形动作可以很快地让气自动降下来归于丹田。各位桩友刚刚开始站时可以把手的姿势放低一些，这样不容易累，也利于气的下沉。除了松静自然，此时不需要任何的人为意识去引导。“无意之中即是真意”，这样对于身心练习非常安全可靠。

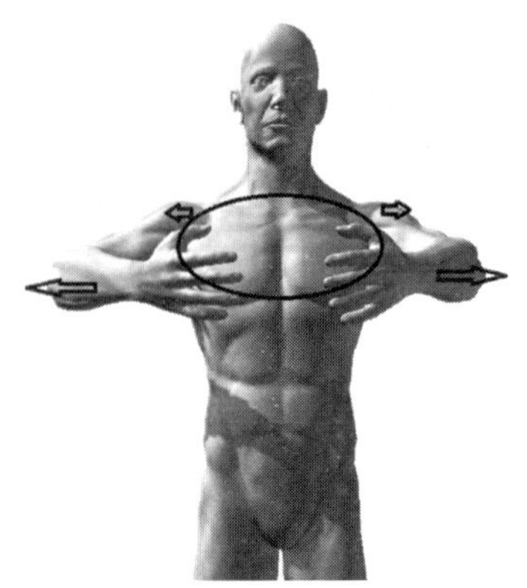

图 3-13 撑三抱七

① 梁丘子:《黄庭经集释》,〔唐〕梁秋子等注，中央编译出版社，2015年。

太乙桩强调松肩坠肘，当今世传流行的站桩也有强调“撑三抱七”的练法（图 3-13），以求武学中筋骨撑抱之劲为主。2种不同的方式天长日久带来的变化也会有些微妙的不同。我站太乙桩的体认大多在内丹功夫的修身养性层面，没有像老师兄一样痴迷在武术上。直到后来我才发现身体具备了平时“柔若棉”，瞬间又可以“坚实如铁铸”的状态。这样的状态如果习武或者其他竞技类的运动者获得，可以说是一种非常好的“核心装备”。

太乙桩是一个比较综合的抱元守一的方法，每天站 30 分钟，就能在短时间内提升肾气，提升精力。这个姿势可以自动调动人体自发调节的潜能，非常好地使心火自动下降，实现中医所讲“心肾相交”的良好养生效果。传统中医认为，心和肾任何一方的阴阳失调，均可导致心肾之间“水火既济”的关系被破坏而出现相应的病症，称之为“心肾不交”或“水火不济”。特别需要指出的是人需要注意心态的调节，太容易生气的人会伤害自己的身体，发脾气一般都是愤怒、怨恨，把好的心情都破坏了，同时会造成高血压、血糖升高、心慌、胸闷、甲状腺结节、肝气不畅、肝胆不和、疼痛、心绞痛或心肌梗死等问题。女同志最常见的就是乳腺上的病变，怨愤时间久了也会伤到子宫。总之，经常生气是百病之源，“心肾相交”之后就不容易发脾气了。

我们平常注意内心的快乐和喜悦非常重要。2008 年，美国南佛罗里达大学健康科学研究中心的首席科学家威斯理教授（Dr. David Vesely）的研究认为：心脏可以分泌出救人最后一命的荷尔蒙，它不仅可以在 24 小时内杀死 95% 以上的癌细胞，而且对其他绝症也有极好的治疗效果。[①] 威斯理教授的研究，源于他的好友——一对 2003 年双双患癌、生命仅剩下 3 个月的英国夫妇。他们在放弃治疗后，选择用 2 个月的时间完成生命中最想完成的 50 件事。之后，他们与旅行社订下合约，倾尽余下的 4 万英镑家产，进行一次豪华的环球旅行，条件是只要夫妻中任何一位在旅程中去世，合约就自动终止。旅行社到医院查核，认为这对夫妻仅剩 1 个月的寿命，与他们签订此旅行合约十分划算，于是就订下合约。出乎意料，原本以为只有 1 个月的旅行却持续了 1 年半，而这对夫妇同情旅行社即将破产就自动解约返回家中，在赴医院检查后，发现所有的癌细胞全数消失，原本的不治之症竟在旅途中不药而愈。这个情况引起威斯理极大的兴趣。他深入研究后发现，心脏在非常平静、快乐、喜悦时，会分泌一种氨酸荷尔蒙，能治疗重大疾病和其他绝症。他的研究震惊了世界，被誉为“揭开上帝终极底牌”的科学家。

站桩表面看大同小异，但每一个桩式都有它的道理和学问，不同手形对身体气脉运动带来不同的影响。当今社会信息高度发达，盛行拿来主义，对于有益于人的东西，这都是好事，因为可以快速让更多人受益，但是要真正有所成就，还是要请教明师，所谓“饶君聪慧过颜闵，不遇师传莫强猜”。

① 唐承革：《破解癌症的心理密码》，载于《百科知识》2013年第14期。

威严如山——三体式

天地人三才合一整体劲力图，如图 3–14、图 3–15 所示。

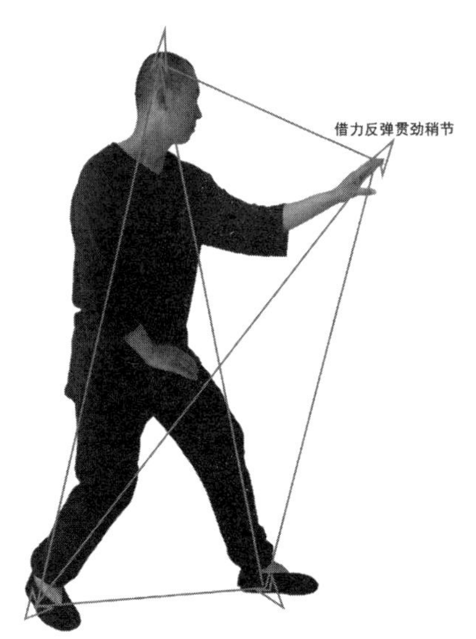

图 3–14　传统三体式力线对争解析

图 3–15　三体桩法变式

三体式可以有多种站法，传统手形后手塌腕于丹田位置，图 3–15 中将后手抬高与前臂成三角。

三体式之格式劲诀

三体式亦称六合势（又叫子午桩、三才桩），是形意拳重要的基本桩功之一。它是求得六合浑圆整劲的最基本功法，也是形意拳入门必经之途径。因为形意拳历史悠久，门派众多，其中的拳理、拳法基本通用，但因为每个人的理解和实践不同，各个体系的传承者也都有一些自身的特色，即小异之处。我随宋氏形意“唯”字辈恩师王鲁东先生练习的宋氏形意拳桩功，它的三体式要求是以形意拳学为理论基础，以宋门所传世的《内功四经》为指导，遵循其脉络、气路、格式、劲诀等要求，内外结合进行练习。同时站姿分为高、中、低三势，劲力上分为任脉劲（手为挺腕）、督脉劲（手为直腕），站姿重心上分为单重、双重。

站法以宋氏形意拳中的单重中势任脉劲三体式桩功为例，有以下几点要求：

（1）身体自然挺拔，三尖相对（鼻尖、手尖、脚尖），两手为塌腕（亦称坐腕），手指自然分开，虎口撑圆，指端微扣，掌心内含斜向前方，前肘微屈约 15° 左右（其屈度随姿势高低而变）。

（2）单重式，身体重心一般为前三后七，重心在后脚（亦可在前脚）；双重式，身体重心在两腿中间。后腿膝关节弯曲度一般高势为 160°，中势 140°，低势 120° 以下。

（3）前脚里扣不超 15°，后脚里扣 30° ~ 45° 左右，两脚间距离一般约为后脚尖着地，后膝前跪接近前脚跟为度，高势近一点，低势稍远一些。前脚尖内侧与后脚跟内侧基本成一直线，两脚趾抓地，脚心空起。

（4）站高势竖劲较好，暴露面大，重心偏高，进步距离近，膝关节负荷轻；中势横、竖劲皆有，暴露面较大，进步距离近，膝关节负重较大，重心稍低，适应中、青年；低势横劲较大，暴露面小易于防守，进步幅度较大，重心低，底部较稳，故腿部负重大，灵活度较差，适应于腿部力量较好的青少年或功力性刺激训练。

（5）在三体式落势时，练习者一般以呼气成式。

（6）在三体式站好后，练习者每次可持续 10 ~ 20 分钟，左右势可以互换，当站到有一定功夫时，可后脚不动，双手与前脚配合做撤伸动作练习，以提高全身的协调能力，即前手、前脚后撤，后手前伸，然后前脚、前手复出，恢复三体式原姿。其呼吸宜采用腹式逆呼吸为宜，在动作中以轻松、灵活为好，不可用劲，以免僵滞，如图 3–16、图 3–17 所示。

图 3-16　双重直腕督脉劲高势桩　图 3-17　单重坐（塌）腕任脉劲低势桩

三体式桩功在宋氏形意拳中，有阴阳两式、任督二脉、上中下三盘、单双重等多种桩功间架练法。武言云：“练拳无桩步，房屋无立柱。”这充分说明了站桩的重要性。站桩一般分为养生桩与技击桩，其站桩姿势也有多种。养生桩强调在站桩中求气息平静，以意导气，使气血运行通畅，其站姿采用高势。技击桩除养生作用外，还要求形、意、气、力四者的有机配合，相互作用，融为一体，并且强调通过站桩达到正体圆招、凝神劲整、壮内增力、稳固下盘，所以站姿较低。

宋氏形意拳中的三体式以《内功四经》为指导，要求“头正起项”，即头要正，而且有上顶之意，“项”指脖子后部，要挺直竖起。肩部要求“按肩以练步”，使两肩极力下沉，自感直沉至脚底涌泉，以稳固底盘根部。肩部还要求“井池双穴，发劲循循”。井者，肩井穴也，肩头分中；池者，曲池穴也，肘头分中，此周身发劲之所也。它还讲“贴背以转斗，松肩以出劲”，两背骨要用力贴住，将肩松开，劲即可由肩传至肘送发至梢节。为此两肩要平活，肘关节需要有一定的弯曲度，此弯曲度视姿势高低而定。胸背部要求“提胸以下腰”，即胸往上提，而腰往下塌，但提胸并非挺胸，它要求“胸出身微有收敛”，即含胸是也，这样背部自平，腰自然正直，保持上身自然中正。

髋关节部要求“圆裆以坚胯”，指裆胯内、外争衡，保持下肢根节有力牢固；接下来是“逼臀以坚膝”，即是两臀贴住尾骨向前上兜翻，提肛缩阴，使腰胯部之力传至膝关节，同时要求两膝稍向里扣，而且膝部曲中有伸（委中大筋挺直）；再接着是脚既动，膝用力，这样可达到“脚坚而稳，膝曲而伸”，起到膝的枢纽作用，同时在脚踝处要求两外虎眼（踝骨）极力向内，两内虎眼极力向外；双脚十趾抓地，脚心空起，两脚尖有里扣之意，脚跟有外撑之感。

三体式（图 3–18）是中国武术中形意拳的重要核心训练内容之一，也是形意门重要的标志，所谓“万法源于三体式”。然而三体式所需要的各项要求，在静态桩法中强度非常之高。这其实是为了武功上的需要。形意拳是功力拳，优秀的形意拳大师（图 3–19）其身体的力量可以犹如坦克般碾压对方。这就是高强度训练筋膜整体贯通及张力的结果。当身体素质大幅度提升后，可以给对手更多的打击力。

图 3–18　三体式功架

图 3–19　宋铁麟先生（1885—1978 年）

我们将在后续的文章中通过解剖图文的形式来深度解析站桩这种静态训练在武术中的作用，这样你就能明白在竞技运动中的桩法训练，实际上就是如何有效地去增强自身某一部分的筋骨密度及筋膜张力。不管是马步桩，还是单腿独立桩、降龙桩等都是为了开发不同的筋膜潜能。

三体式骨架筋肉深度解析图

督脉劲力，如图 3–20 所示。

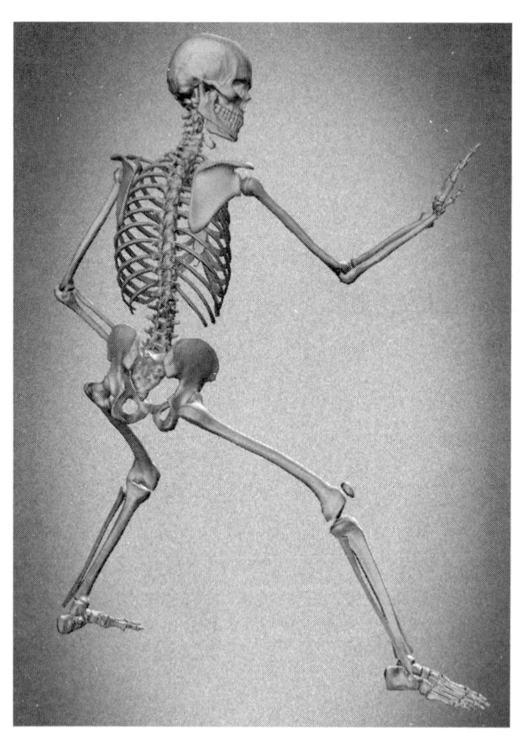

图 3-20　直腕督脉劲骨架图

三体式坐腕任脉劲筋肉图，如图 3-21 所示。

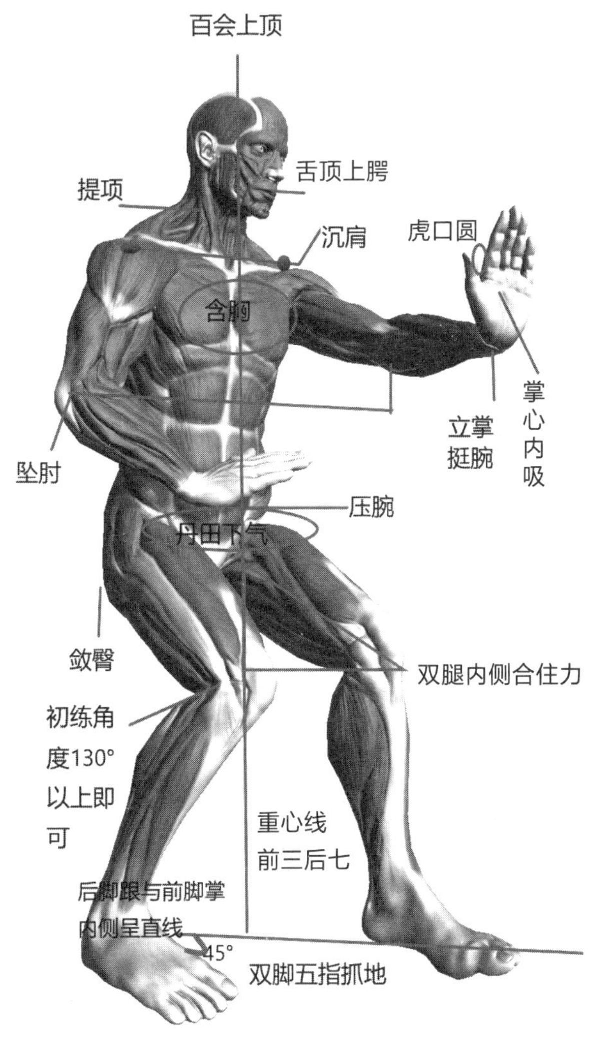

图 3-21　三体式任脉劲姿势示范要领

脱枪为拳图说，如图 3–22、图 3–23 所示。

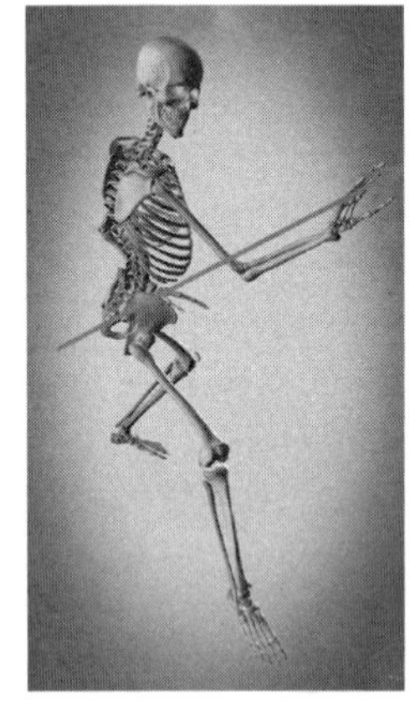

图 3-22　骨架化枪右势图 1

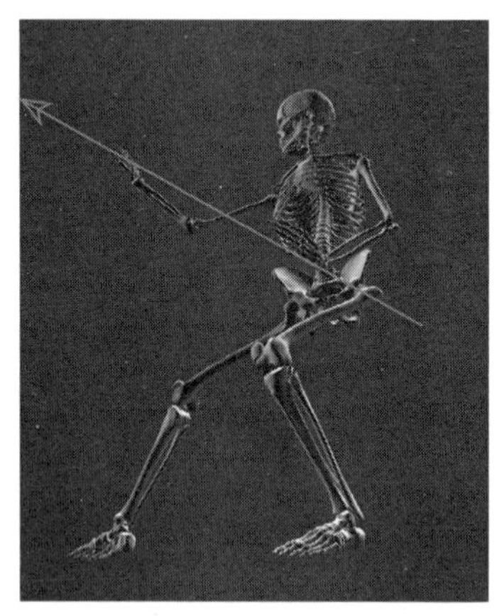

图 3-23　骨架化枪右势图 2

丹田之功（图 3–24、图 3–25）

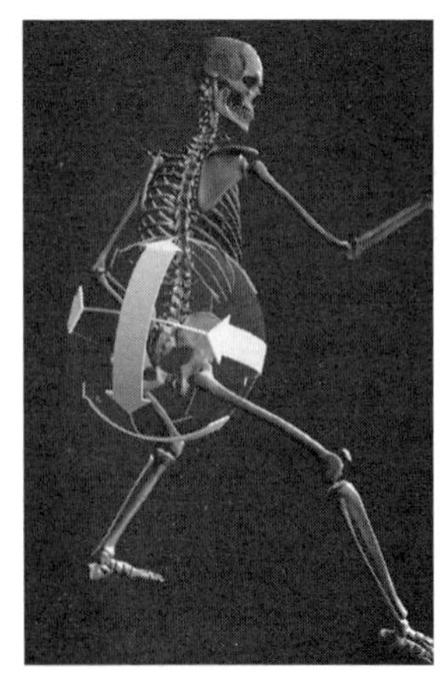

图 3-24　丹田腰胯劲力解析图 1

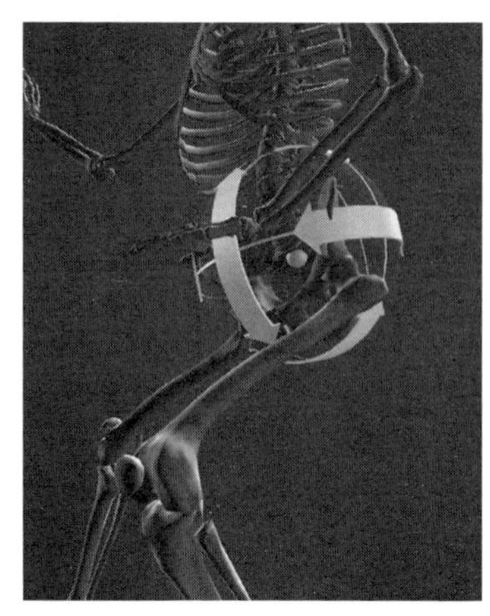

图 3-25　丹田腰胯劲力解析图 2

丹田从宏观角度而言，除了腹部核心肌肉群，重要的是尾闾和胯，尾闾要练放松下垂内卷之意，尾闾真正下垂了，就不易被推动。在尾闾下垂丹田气充足后，就要冲开后胯，使骶髂关节能够活动，做法就是臀部也要放松，微微放开。骨盆后的骶髂关节是假关节，一般不会动。站桩在武术中就要把此处练活，使骨盆、骶髂关节能活动。如果把耻骨联合处练松开，把臀放开，活动范围就更大，丹田气就会更充足，身体也更加滋润健康。如果将其运用在功夫或者各种体育运动中，爆发力会更大。

龟背鹤身

龟背鹤身是传统内家拳高手最重要的外在特征之一，顾名思义，就是背部饱满，身形飘逸灵活。背部浑厚，腰身紧致，是同时具备力量和速度的最佳体态。

三体式背部大筋及肌肉群缩胀状态示范解析图，如图 3–26、图 3–27 所示。

图 3-26　筋肉为正常收缩状态

图 3-27　气血充盈状态下背部筋肉浑厚，周身膨胀

三体式背部筋肉暴涨图，如图 3-28 所示。

图 3-28　三体式核心筋肉群劲力贯通状态图解

三体式腿部夹剪之劲要素及易错纠偏解析图，如图 3-29、图 3-30 所示。

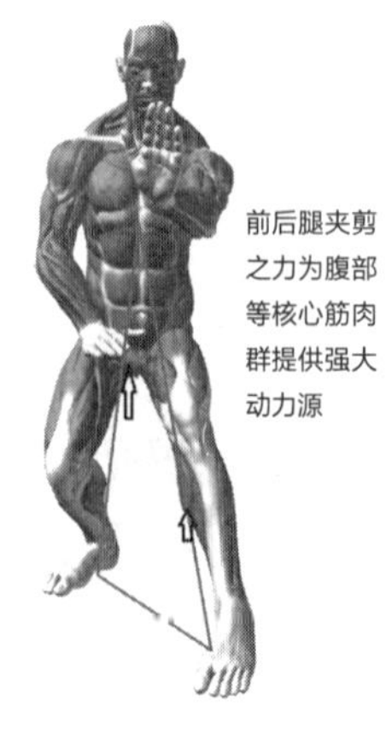

图 3-29　三体式腿部姿势内合要素解析

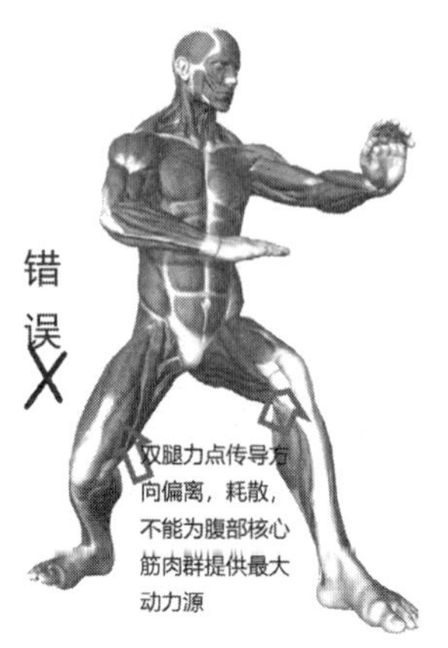

图 3-30　三体式腿姿势部易错纠偏图

贴背转斗图，如图 3–31 至图 3–33 所示。

《内功四经·内功经》云：“贴背以转斗，松肩以出劲。”

《内功四经》由近代武学大家宋世荣先生流出，与其所传的形意拳有着不可分割的关系。其“贴背转斗、松肩出劲”是宋氏形意拳发力的诀窍，也是三体式中上盘内劲贯通的形象比喻之一。

图 3–31　北斗七星图

图 3–32　北斗七星反转图

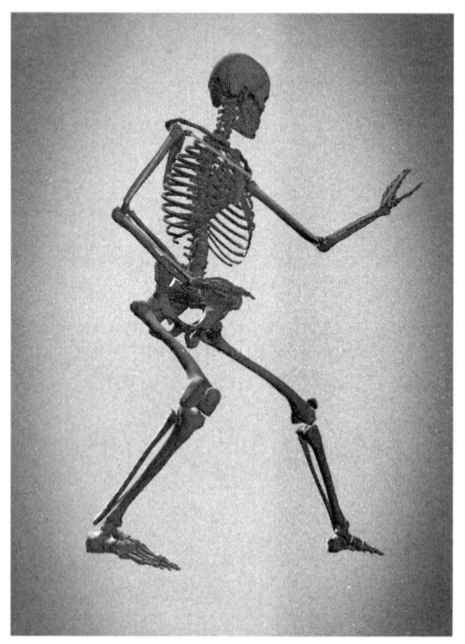

图 3-33 《内功经》中“贴背转斗”阐秘

龙虎二劲

《内功四经》[①]云：龟尾升气，丹田练神。脊柱为龙，腰胯为虎。

人的脊柱（图 3-34、图 3-35）有 2 个 S 形弯曲：一为五节腰椎，一为七节颈椎。

① 专门论述武术内功的典籍，因一代形意拳宗师宋世荣推崇流传而备受武术人士关注。

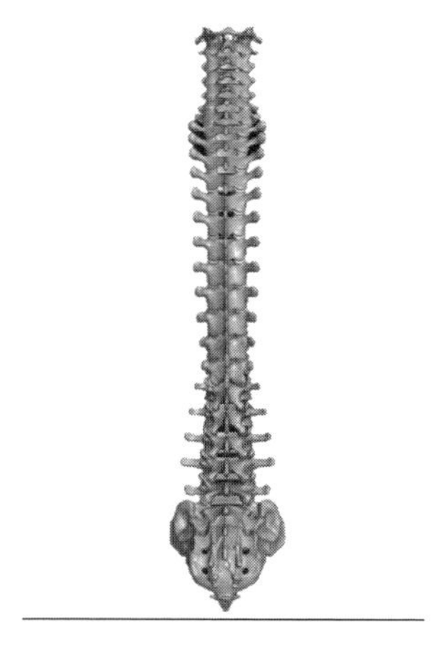

图 3-34　脊柱正面图

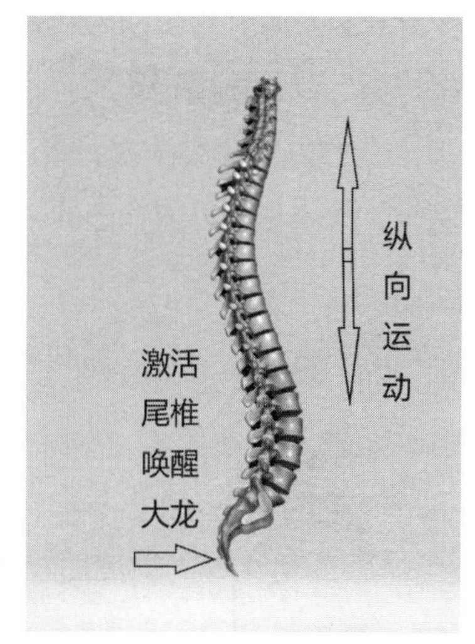

图 3-35　脊柱侧面图

精通站桩的老师经常要帮学生调节脊柱，通过上下对争的方式，抻直一下，即下颌微收，头顶微微上提（最好有名师身传），骨盆从腹股沟向前微翻（也就是要求的叠胯），两胯向内微微一裹，尾骨向下一坠，这样看看镜子，腰椎这个 S 基本拉平直了。大家掌握后经常这样往上一顶，底下一坠，两头这么一拉，坚持锻炼，我们的脊柱就会节节松开。太乙桩要求松肩坠肘，手肘松坠下沉会牵扯背部斜方肌，再通过放松斜方肌，慢慢就把颈、背的这些筋膜抻开了。这样，劲自然顺着脊柱沉下去，一直到腰胯、双腿，最后沉到双脚，接通大地。有句拳谚“撒开四六连环锁”中的“锁”，指的就是 24 块脊椎骨（颈椎骨 7 块、腰椎 12 块、椎间盘 5 块）。这样贯彻到站桩和走步当中，脊柱的“灵性灵劲”才能被体会出来，只有脊柱松开后才真正出现拔背的状态。这是发劲的身体形态，藏形蓄势指的就是拔背，把脊柱像弓一样拉开。拔背是脊柱带动内动并协同整个筋膜肌肉的力量。内外高度协调，放慢速度，外面看起来整体如大蟒般蠕动，能得此即得形意拳及内家功夫发力、藏形、蓄势之妙。以后妙用万千，此中真意，大家尽可以随自己的喜好实践。

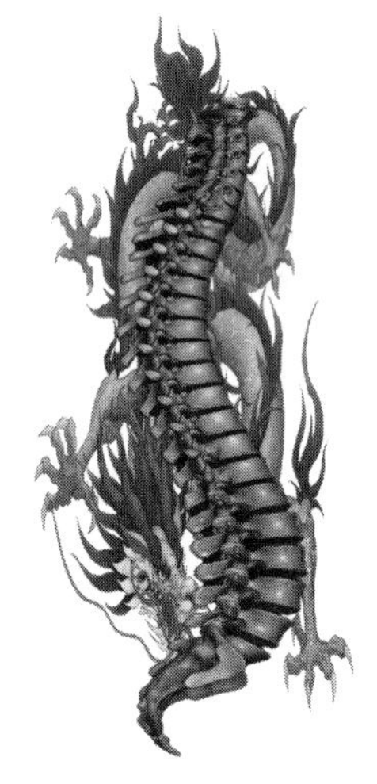

图 3-36　脊柱如龙象形图

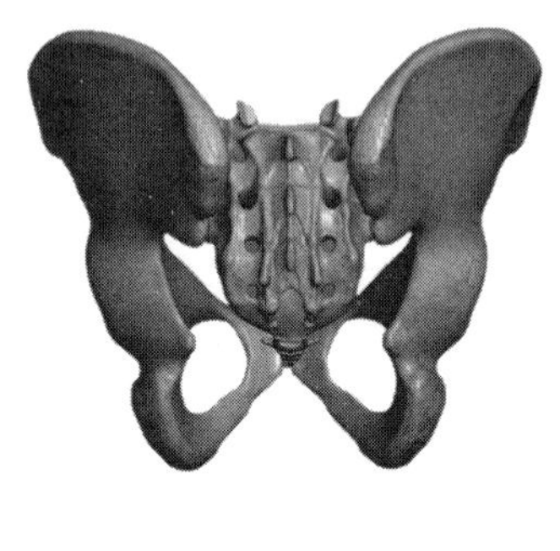

图 3-37　骨盆

《形意拳》谱经常会用到“龙虎二劲”的比喻。其实就是把脊柱比喻成一条灵动活泼的大龙，有前后纵横蜿蜒之势，称为龙劲（图 3-36）。腰胯、骨盆（图 3-37）比喻成原始凶猛的老虎，臀部浑厚有抖擞，发动调节稳定重心的功用，称为虎坐之劲（图 3-38）。武谚“一身需备五弓”①，脊柱是身弓，从第一颈椎到尾

① 武术中的五弓，一般指脊柱身弓为一大弓，左右双臂、双腿共四弓。

间，最难开发，但最强的也就是这脊椎和腰、胯骨力及周身筋膜之力。所以古人说，身上有龙虎之能，人自然变得勇猛。练拳能抓住核心，抓住丹田、骨盆、脊椎及周身筋膜来练，天长日久，周身敏感，有感皆应，从五脏六腑到体外皮肤毛孔高度统一协调，这时周身就是一条既充满轻灵又带着雄浑的大龙了。那我们作为龙的子孙也真正带上了龙与虎的特质。

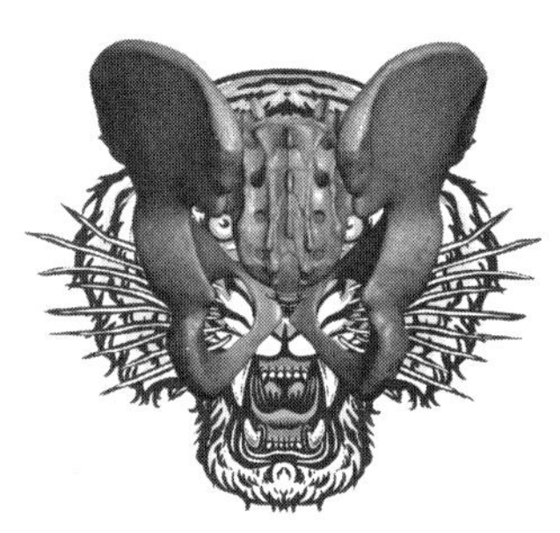

图 3-38　腰胯如虎象形图

站桩与眼、耳、鼻、舌、身、意

双目如电——眼窍健康

感恩我们可以一起站桩，在这里进入生命的世界，犹如我们刚刚从睡梦中醒来，当晨曦的第一缕阳光洒到我们身上，依稀唤醒我们的是那自然中的鸟虫所带来的欢快晨语。

一瞬间，我们休息、沉寂了一晚的身体开始苏醒了，眼睛首先睁开，而后全身伴随着清新的空气伸展、复苏，新的一天能量储备开始，活力满满。

眼睛是心灵的窗户，是我们人类感官中最重要的器官之一，一个正常人80%以上知识的获得是通过它来传达第一信号的。祖国传统医学《黄帝内经》中注明："五脏六腑之精气，皆上注于目而为之精。"

东方文化的精髓是对于生命的热爱及觉醒，寻找生命本身的实相，而不是在欲望构成的社会体系中一味地消耗，最终带着茫然的爱或恨、得或失、悲或喜，直至生命无常般地消逝！

中国传统武术大师即使到了60岁以后的年龄，还会被很多人形容目光炯炯，双眼如电，精光四射。更有甚者可以内观到体内经络气脉，经络学最初的来源根本即在此处。李时珍《奇经八脉考》云："内景隧道，唯返观内视者能照察之。"古人还通过内观气在人体的脏腑、经络、窍、穴中之运行绘制了《内景图》（又名《内经图》，图 3–39），此图对后世的中医家、养生家和武术家都产生了深远的影响。

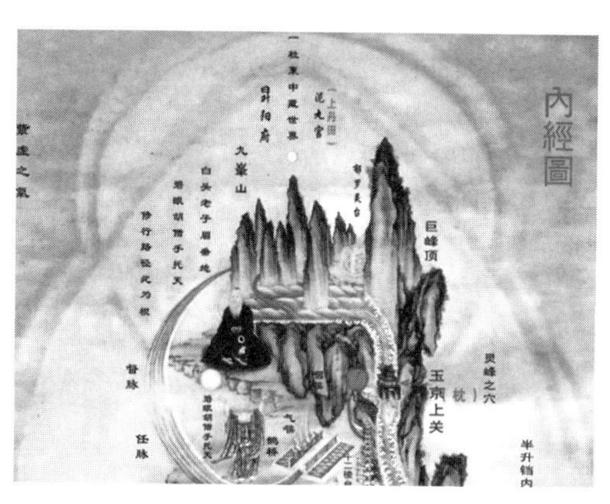

图 3–39 《内经图》局部

闭上眼睛就像要进入一种充电、休息的状态，所以叫养精蓄锐。眼睛是五脏的精华，除了闭上眼睛涵养精神外，我们在站桩或者打坐时也可以似闭非闭、似睁非睁，眼睛含着光，不要往下看，视线要向前，含着我们眼帘前的那片似红非红的光影，这便是涵养精神了。此时头一定要正，不能低头，更不能看地，因为这样会导致虚火上升。视线取中略微往上瞟，接天之清气，所以眼部疲劳要多看远方和天空，如放风筝就是一项非常好的眼部锻炼活动。中医认为，肝开窍于目，按照东方的物质属性，肝在五行学说中属木，所以，阳春三月天地间所呈现出的那片油绿的生机，正是古人提倡踏春游乐的妙处所在。

在内观过程中，我们不要有任何功夫上的执着，要保持恬静、淡然的自在状态，即使有一些微妙的反应，也无须动心。《金刚经》云："凡所有相，皆为虚妄。"回归至当下最原始的能量守恒状态即是最好。

我们喜欢通过深蹲或者俯卧撑等体式来增强臀、胸、腹部肌肉的外在轮廓，使其在感官上更具有美感。但是对于眼睛这样重要的器官，我们是不是忽视太多了呢?

站桩过程中如果不能静心，在开始前或开始后，哪怕是中间阶段都可以让眼睛运动一下，闭上眼睛放松10秒，接着睁开双眼，按顺时针方向转动自己的眼球，可以先默数十圈，然后再逆时针运转。随着对动作的熟悉，我们可以加长次数，当然我们也可以和颈椎关联起来。现在不论是在中国，还是在世界各地，华人每逢佳节或吉日都会用舞狮来庆祝，要想狮子表现得很有精神，那就一定要通过摇头摆尾，还要眨动那双大眼睛，可见动物要很活泼一定是摇头晃脑的。所以，我们可以随着眼球的转动，把头也跟着摇转起来，但是一定要注意是轻缓地转，这样左右、上下、顺逆时针转动，颈椎也跟着有序地运动起来。

通过上述方法，我们可以解决因使用电子产品或者伏案太久导致眼睛产生的疲劳和伤害。眼睛作为人体最重要的器官之一，我们要记得运动它!

小心眼睛的欺骗性

你所见的并不一定都是事物的真相。东方的功夫除了简单的动作之外，更包涵了很多的哲理。宏观世界第一视觉所呈现出来的可以称作肉眼所见，它只是当下一瞬间的呈现，但是在你发现它时的前或者后的时空点上你看不到，也就是说，当下眼睛所见的，有时并不是那个真正的答案，就像电影中的演员，这一刻只是他在这部剧所要求的剧情中的表达，并不是真正的那个他；当下你所羡慕的金钱或者权力，或许你并不知道拥有者之前的辛苦努力、兢兢业业或者巧取豪夺、血腥暴力，你或许永远没有关注、了解他的前因和后果，只是瞬间被眼睛所欺骗，产生了或迷恋或伤感，或开心或痛苦的情绪。

所以功夫对眼睛还要有很多要求，如心眼、慧眼等，要能超越表面的东西，对事物有多角度、多时空的了解，看清万事万物的本源和真相，只有这样才会使心不会因一叶障目而迷乱，从而减少内心深处很多没有必要的痛苦。

耳——收视返听寻天籁

倾听身体内外的声音

做功夫的人把耳朵视为六根[1]之一。我们常常以为生活中看到的、听到的事物都很重要，其实我们无法真正辨清它的真实性，而我们却因之开心和烦恼，会产生种种欲求与执着，一旦失去平衡，则会导致病痛乃至苦难和罪孽。

我们踏青或旅游走进天地、自然的那一刻，除了眼睛看到的精彩，莫过于声音的传递了。鸟鸣、风声、虫叫、物语……这正是我们身处都市中所忽略的世界。

---

① 丁福保《佛学大辞典》，中国书店出版社，2011年版：（名数）眼耳鼻舌身意之六官也，根为能生之义。眼根对于色境而生眼识，乃至意根对于法境而生意识，故名为根。

或者有一瞬我们从欲望都市中觉醒过来，心弦触动，那一刻我们发现，世界不只是眼前的利益得失，还有来自灵魂深处的共鸣。钢筋混凝土所构筑起来的屏障瞬间消融，唯有天地、自然、万物！

我们站桩高度入静的时候，可以听到一些细微的声音，像微妙的音符，通常被形容为龙吟、天籁，或者听到心跳、周身气血的流动等。我们都应顺其自然，不要在意和执着，这些都是耳根在站桩入静过程中的一些功能态反应而已。

我们同样需要重点练习的是聆听的智慧。很多人习惯了听各种各样的八卦、流言或者蜚语，甚至他人的一举一动都会扰乱、牵绊、纠结、惶恐着自己的内心，莫名的中伤、诽谤经过耳朵让我们的身心陷入黑色的负能量的状态中。然而笃定的智者能过滤、封掉这种耳根带来的烦恼，听从内心的声音，而不是肤浅的道听途说。所以我们要经常放下耳朵带给我们的是非成见，让一切沉淀下来，自然就有答案。这样会让我们的身心减少不必要的烦恼。

中医认为“耳为宗脉之所聚”，十二经脉都是要通过耳朵。而且有趣的是，耳朵与两肾外形相似，整个内侧外观又像临盆的婴儿，因此耳朵与生命力一直有着深厚的联系。《灵枢经》中有“耳者，肾之官也”，几乎所有的中医著作都将耳鸣、耳聋等作为肾脏虚弱的重要指征。

耳朵是人体中一个很奇妙和重要的全息反射部位，当然我们不必纠结复杂的穴位，只要你可以运动它就可以了。站桩后，我们可以用大拇指和食指从上到下地揉、捏、揪、弹耳轮至耳垂，3~5分钟的时间即可。同时还有一个极其有效的锻炼方法叫敲天鼓，即双手捂着耳朵，最好用手掌根部将耳朵向内折压捂住耳洞，这样手指从左右捂住后脑，食指用力扳住中指敲击后脑，手指的位置正对枕骨的风府和哑门等穴，自然循序敲击。（图 3-40）

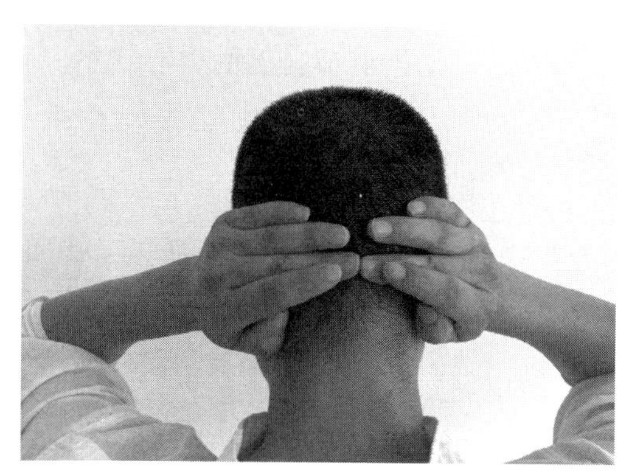

图 3-40　敲天鼓

《圣济总录》中有："天鼓者，耳中声也。举两手紧掩耳门，以指击其脑户，常欲其声壮盛，相续不散，一日三探，有益下丹田。"

调息——鼻子的运动

调息的真相及开通鼻窍、告别鼻炎的健康小功法

现在的站桩及传播者都是从内家拳的武术中得来。我还是遵循着自己所学道家功法的传承，教给大家观照自己容易忽略的每一个身心部位，以增进对深层次微细循环系统的体察，这样可以让身心疾病的根源如影而现，将来能够清晰地辨知其中的病痛因由，真正防患于未然，消除亚健康，实现自我的疗愈，做健康的主人。

呼吸是我们维持生命的根本要素之一，练习各种运动都要配合呼吸。因此，呼吸的调节非常重要。除了日常下意识的呼吸，还有腹式呼吸、逆腹式呼吸、闭息止息等练习，这些练习可以统称为调息。其实修行中真正的“调息”二字并不是单指口鼻、呼吸。“息”字上面是自己的“自”，下面是“心”字作底，功夫法门中的“调息”是指调节自己的内心状态。心态平稳了，呼吸也就随之柔顺了。但是我们一开始根本看不到自己的“心”，所以从鼻子的呼吸入手非常重要。

《黄帝内经》中有：“肺开窍于鼻。”所以，普通人刚开始接触站桩练习时经常呼吸很重，离很远就能听到呼哧呼哧的喘息声，粗重且不均匀。所以站桩时调息是非常重要的呼吸锻炼。调节、训练呼吸的轻、细、微、柔，这样真气很容易开通鼻窍，消除鼻子上的一些慢性病症，并且通肺润肺，使整个呼吸系统通畅。

我有一位非常亲近的弟子，他是互联网行业的精英，来练习站桩不到2个月，困扰他长达10多年的鼻炎顽疾竟然不药而愈，他从此爱上了站桩。2年后，这位理工男生从文弱书生竟然站出了铜筋铁骨一样的体质。后来，随着练习的学生越来越多，我发现通过站桩，鼻炎这种讨厌的顽疾的康复率还是非常高的。

鼻炎，被西医定义为不可彻底治愈的顽症。相关部门统计报告显示，截至2018年，中国鼻炎患者将近3亿人。随着城市工业化进程中所导致的环境恶化，我国的鼻炎发病率已高达37%，并且每年以3%（2000万～3000万）的速度在递增，青少年儿童鼻炎患者占鼻炎群体的2/3。其中，最痛苦的莫过于鼻炎手术后引发空鼻症的那些患者。所以只有当病痛降临时，我们才发现在健康的选择上自己竟然是那么的被动，我们不能主宰自己的健康，我们的身心如碎片一般地游离着，以至于只能在绝望中疼痛着。

作为功夫修炼者，我们通过站桩这样的运动方式可以让自己的器官得到锻炼，而不需要任何工具，可以说是毫无成本。我们完全可以把它作为一种简便的生活方式来执行，但是它却带给我们难以置信的健康效果。

除了站桩之外，还有一种方法，大家在平时可以尝试练习。当你在办公桌前思考或者参加群体会议时，你可以微微用手托住面颊，一只手指轻轻地搭在鼻翼的一侧压住它，如果是上午，那么就启用你左边的鼻孔呼吸，用右手轻按右侧鼻翼；如果是下午，就用左手指轻压左侧鼻翼，多启用右侧鼻孔呼吸。为什么时间不同，要求也不一样呢？这是一个奇妙的东方能量中阴与阳的运用。东方认为左为阳，右为阴，上午 0 ~ 12 点是阳气生发的时刻，12 点 ~ 24 点是阴性能量产生的过程，这样也同样是一个圆满的太极。我们要学会用自然的场能去平衡自身的能量，选择“同频共振”无疑是最好的方式，这也是与自然宇宙和谐的重要方法及原则，亦是我们书中全篇所遵循的法则——“大道自然”。

我们继续回到鼻孔练习的呼吸动作上来，其动作非常的隐蔽，以至于别人都很难注意到，但或许这一刻你又是那么的与众不同。我们开始鼻腔微细、毛细血管的细腻锻炼，对于一个鼻腔非常健康的人来讲，这一切或许并不困难，但是大多数朋友一定发现自己的鼻腔的通畅度还是很糟糕的，一个鼻孔出气原来是那么糟糕。这个时候一定要调整心态，慢慢地增加练习时间，改善开始时气息不够的状态，这正是改造健康的最佳时机。有时恰巧鼻子处于堵塞状态，那么这个机遇也正是体会我们人体自动调节功能的时候，从开始时只能呼吸几秒，到十几秒，可能几分钟后它就突然通开了，这是身体自然的觉醒，是自动调节功能的启用。

练习初期，鼻孔会比以往更加敏感，刺激增强，多了各种的不适反应，请一定要知道这是鼻腔内毛细血管在自我调整、修复或者增强功能的一种反应，此时可以减少频率或隔日练习。这种不适的假象消失以后，你会惊奇地发现鼻窍展现出来的新鲜活力。

你也可以用双手食指指肚从鼻翼两侧一直到鼻根循序按压。鼻翼两侧有一个奇妙的穴位，称为迎香穴（图 3–41），通过名字我们就可以知道它的妙处。鼻子堵塞，不闻香臭，我们通过轻微地按摩、按压它，可以通经活络，利于鼻窍，好处多多。

形意拳中五行拳每一拳的一出一回，都是一呼一吸的腹式呼吸锻炼，也有非常好的作用。

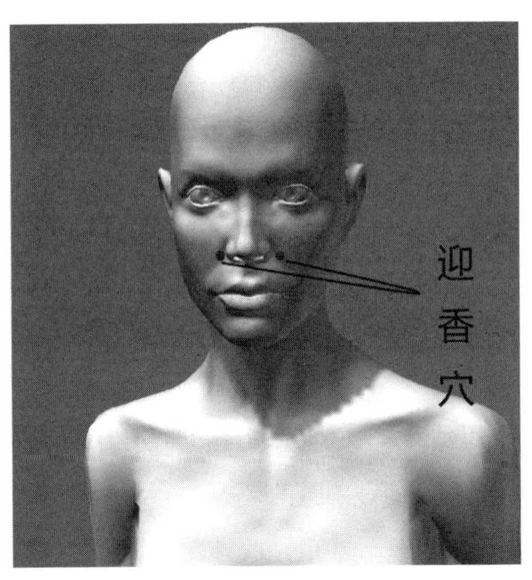

图 3–41　迎香穴

舌抵上腭——传说中神奇的金津玉液

舌抵上腭（图 3-42），在静坐及各家功法中都有用到，已经比较普遍地被人熟知。舌抵上腭的作用是练精补脑。上腭又称天池，因其上通脑髓。我们在功中，一般不要刻意地去使劲“舌抵上腭”，这样会感觉不舒服，影响入静，自然地上贴就可以。当人真气旺盛时，自然会有种磁吸力让舌头贴到上腭去贯通任督两脉。平时舌自然顶住天池，真气也会自动由海泉穴下降至丹田。

庄子在《齐物论》里讲“一受其成形，不亡以待尽。与物相刃相靡，其行尽如驰，而莫之能止，不亦悲夫！”人随着年龄的增长、岁月的流逝，生活中的要求越来越多、越来越高，而我们的这些七情六欲，其实随时都在折磨、消耗着我们，如果不给它限制，不能供需平衡，一味消耗，那么身体必然衰弱得厉害，形象萎缩佝偻、脑力亏耗、记忆衰退，这些都是因为肉身失去了元气的滋润所导致。

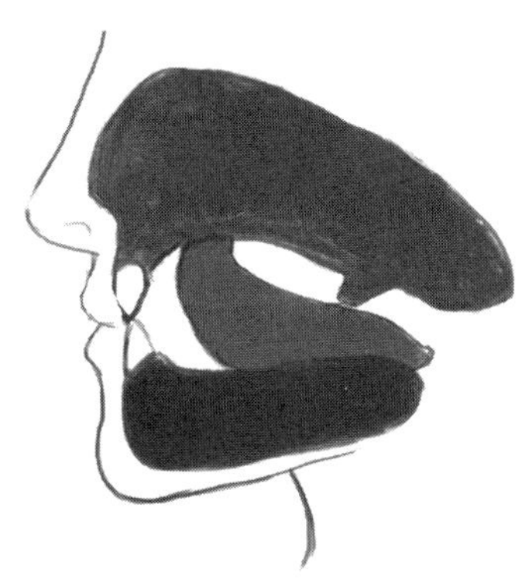

图 3-42 舌抵上腭

有件关于津液的事情分享给大家。一位朋友的老母亲口内缺少津液，口舌干燥，也已经没有任何味觉反应了，家人四处寻医问药无果，打算给老人家移植干细胞。友人善心拜托，让我给对方建议一个利于自我康复的保健方案。在仔细询问了老人家的生活状态后，我就让她平时舌抵上腭，并教给了她舌头运动的锻炼方法：将舌伸出齿外，上下唇轻合使舌不外露，舌尖由右颊向左颊转动，以左下右上的顺序转 9~10 圈；然后，再反向转 9~10 圈，次数不限。结果很有效，老人家满口生津了。老太太也打开话匣子和我不停地聊天，家人观察说，老人家很久没说这么多话了。1 周后家人反馈说，老人家吃草莓反映太酸了，味觉也恢复了。此事我深感欣慰。

认识自己的口舌——口舌之欲

这一篇我们要多讲一些有关嘴巴方面的学问，这些对于我们修行来讲尤其重要，我们就把它当成一个人性的角度来看吧。

我们这张嘴巴真是好有趣，中国有句古话“民以食为天”，可见吃的地位很重要。美食当前，口水都会流下来。我们从出生开始每天都要靠食物来供给能量，但除了正常的补充以外，我们还会有一些不良嗜好，造成饮食无度。当所吃的东西不合自己的口味时，甚至会恼怒，由吃所带来的身心各种疾病亦不在少数。好多时候欲望也都是用吃来比喻，最常见的就是“人心不足蛇吞象”，当欲望超过自身力所能及的范围时，往往面临的就是自我毁灭。

药补不如食补，合理平衡的膳食非常重要，既可以满足自己味蕾上的一些需求，又可以保障身体的健康。在这里大家可以自我检查一下，有没有下面这些吃的习气：

你不知道我吃这个一定要有辣椒的吗?

这个这么清淡怎么吃啊? 狗都不吃……

只要不合自己口味的瞬间拍饭桌发飙。

吃吃吃，喝喝喝，不醉不归，经常吃宵夜从18点到凌晨。

非常惦念某一种食物，费尽心机一定要吃到。

为了吃不择手段，甚至通过非法的渠道猎杀获得各种保护性动物或植物。

非但过量的饮食会给我们带来伤害，同样厌食也是很糟糕的一种情况。

因不当饮食导致的病例数不胜数。忌食“海鲜、肉类、辛辣刺激”是很多处方药的注意事项，都是对饮食的告诫。因此观察自己，适当戒口欲，认识到自己的不良嗜好，是身心觉醒并健康的开始。

无形杀器——口舌是非

图3-43

好言一句三冬暖，恶语伤人六月寒。

我们的舌头只需那么一动，既可以感动众生，又可以伤人于无形。一句话可以是慈悲温暖的大手带给人温暖，也可以如杀器一般伤人性命！

此时我们一起来观察自己有没有下面这些习气吧：

喋喋不休的抱怨；

尖酸刻薄的讥讽；

含沙射影的攻击；

无事生非的诽谤；

嫉妒自私的非议；

膨胀自满的傲语；

不明真相的妄论；

欺骗伪装的蜜语；

挑拨离间的两舌。

“语言暴力”是世界上一种比有形的酷刑有过之而无不及的“无形暴力”。在很多的宗教中，有一个很重的罪业称为“口业”，就是因为不当的语言所造成的后果，如，佛教讲究因果，当你丢下一粒种子（因），自然就会相应地结出一个果实（果）。一种是有形的种子结出有形的果实，另一种是无形的种子结出无形的果实。当你用诽谤或者讥讽的语言攻击他人时，会引起对方的反击，甚至是过度、过激的一种行为；或者给对方留下严重的内心阴影；甚至在亲人之间，因为血缘的关系，非但不是彼此尊重，可能很多羞辱及刻薄更加肆无忌惮，这样所引发的悲剧数不胜数，这些就是无形的因果。

2019 年 4 月，一名 17 岁的少年在上海卢浦大桥跳桥自杀引发全民评论。据新闻报道，这个男孩因为和同学发生矛盾，告诉母亲时被训斥，因而气不过而走向绝路。这是一件因为语言暴力所导致的悲剧，更令人心痛的是在某社交平台上就此事评论留下的 10000 余条的脏话！语言暴力在网络世界更是肆无忌惮，让人心惊，未曾考虑过他人的感受。水能载舟，亦能覆舟，因此口德是我们人生过程中尤为要注意的。儒家的圣贤自古就有这样的一句话，“非礼勿视，非礼勿听，非礼勿言，非礼勿动”，[①] 告诉我们不符合世间道理的事情不要去参与，这样可以避免很多人生中的磨难。

当认识到声音和语言是一种巨大的能量时，我们就要善用它，学会巧妙地把声音和语言转化为健康的能量场。

丹田——情商的“大脑”

丹田，是中国武术非常注重的练习部位之一，一般是指我们脐下三寸的下丹田，即以肚脐和后腰命门穴位为直径的内圆中心区域。古人认为下丹田和人体生命活动的关系最为密切，是“性命之祖”“生气之源”“十二经之根”“阴阳交会”之处、“呼吸之门”“水火交会之乡”，是真气升降、开合的枢纽，所谓“气归元海寿无穷”，是汇集、烹炼、储存真气的重要部位。

如果人的先天气亏，后天就要补救，除了药食之补外，最好的补元之道就在于充其元气，滋养血脉，但培养气血必须先聚气于丹田，丹田气足，自然在内滋养五脏，在外润泽毛孔肌肤。

---

① 孔子的《论语》卷六。

美国医学博士拜伦·罗宾逊发现中国人称丹田的这个小腹部位有着特殊的秘密，由此开始了被称为“腹脑”的西方式探索及研究，并于 1907 年正式出版了专著《腹部和盆腔脑》。

1998 年，美国哥伦比亚大学解剖学和细胞生物学教授迈克尔·格肖恩出版了他的《第二大脑》理论专著。格肖恩认为：每个人都有第二个大脑，它位于人的肚子里，负责“消化”食物、信息、外界刺激、声音和颜色。

1993 年，中国脑外科医生王锡宁在基础医学形态学研究领域，发现了“颈上人与颈下人”的解剖对称结构，发现了“腹脑”存在的解剖形态学证据，使“腹脑”与“头脑”的区别就像“脚”和“手”一样地清楚。这一发现被媒体广泛报道，王锡宁成为世界上第一个明确发现“腹脑”的人。

数千年来，中国的古人不断用自己的身体进行实验，留下了各种文字，尤其在传统道家以及内家拳体系里，无不讲究“丹田”二字。内家拳的关注点就是下丹田，认为下丹田是人体内能够纳气和聚集能量的地方，将其视为“命根”所在。

道家用下丹田来作为内丹修炼的鼎器，内家拳则以此聚气为能，以丹田作为核心来发动和释放强大的整体爆发力（原始野性的自然之力）。

西方的科学家从不同角度对“腹脑”进行了认知和肯定。如果把人体比喻成一个小社会，“头脑”只是一个人的大脑，“腹脑”是小社会的大脑。科学家用智商（IQ）来测量“头脑”的水平，用情商（EQ）来测量“腹脑”的水平，并发现个人要在社会上获得成功，20% 由智商（IQ）决定，而 80% 则是由情商（EQ）决定的，正是“腹脑”主宰个体的成功与幸福。

觉知自我

2020年4月19日，谷雨，北京，下午开始电闪雷鸣，一场甘雨如约而至。二十四节气是中国古人杰出的智慧，是人对自然的敬畏和了解。民以食为天，万物生长全依赖天地自然的规律，春生夏长，秋收冬藏，这些不会随着我们的意志而改变，不管你信与不信，它就像程序般地自动运转。

在正常情况下，人从婴儿时期到少年时期经脉都是通畅的，但是随着年龄的增长、生活和工作中各种体能及思虑的过度透支，以及自然环境中各种无形的场能信息（如光、电、波等）的冲击与干扰，成了各种身心疾病的内、外诱因。

中医认为，人的身体只要肾气充盈，正气内存，则外邪不入。站桩、内家拳运动等是直接通过自己的身体元素（精、气、神）为药材来做培元固本的工作，实现自我疗愈。所以，传统道家讲，“上药三宝”精、气、神，药补不如食补，食补不如气补，等等。

有一个类比，是讲保险、医院及养生三者的关系，把人比作一个放在桌子边沿上的瓶子，不小心掉在地上摔碎了。保险的作用就是估一下价格，看赔多少钱，但痛苦毕竟还得自己承受，当然保险赔偿可分担他的亲人的经济压力；医院的作用就是如果还有机会，就把它修修补补，至于修复得如何并不能确定；而养生就是通过学习自我保健，把自己推到不容易摔坏的位置，或者重新把自己转换成摔不坏的。

当前很多人舍得在物质上大把地开销，吃喝玩乐，买包包、鞋子，却从来不舍得投资到学习养生上，给自己的身体以保养。

世界上最好的药其实在自己身上，人体有着高度的自动调节和修复功能，要懂得自我开发，自我疗愈。

正身调形

站桩的形正（图 3-44）可以说非常重要！我们可以对照太乙桩的姿势，仔细调节身体姿势的中正含蓄，须知“尾闾中正神贯顶，气透三关入泥丸”。尾闾下垂中正则能带起命门充实，使脊椎正直，督脉畅通，体内气机旺盛，水火相济，生命可延。从头到脚要做到头部上顶，颈要竖直，腰要塌，脊要正。脊椎和腰部的要领是不可分割的，要始终保持正直。只有身体正直，才可使真气上下贯通，内中之神气中正相交，使之上则精神贯顶以养性，下则气达丹田以固命，实现中华道学中大则可以强国强种，小则可以祛病延年的修炼目的。

图 3-44　站桩正身调形前后颈椎、脊柱修复对比图

中医认为气是生命的根本，养生必须养气。通过站桩减少身体能量的消耗和增加自身的能量来源，也是一种节流开源。气依托我们的身体而存在，如果身体这个外形不端正，势必造成机体紧张、气运不畅、血行受阻以及自身五脏运化及代谢功能失衡。 因此形不正则气不顺，气不顺则意不宁，意不宁则神不安，形乱则神气俱散，故站桩强调形正意静，气顺神安。

站桩（包括大多数内家拳的修炼）的根本就是中心和重心。中心是保持身体的中正，重心是说气息、气血的垂落点。而要做到这一点就要追求躯体在保持桩架的状态下整体骨骼劲力的顺畅以及气息、气血的放松，做到和、顺、松、透。通过自我意识“内视”扫描身体，体会体内中心、重心和五心（双脚心涌泉双穴、双手心劳宫穴、头顶百会穴）之间的关系，逐渐达到气息、气血从中心、重心到两脚心、两手心和顶心这五心间的深层次来往运动。

很多刚开始站桩的朋友，自己身体是否端正、合乎标准是感觉不到的，一闭眼就变形了，身体多年已经习惯了这种不正确。所以，初期有老师在旁边不断地帮你正架是非常重要的。

在太乙桩的姿势中，身体的中轴线是正身调形的中心枢纽，是高低肩、弯腰、驼背等不良姿势的克星和良方（图 3–45）。

从古至今，中国人讲究一个“相”字，即站有站相，坐有坐相，这其实就是最基本的正身。传统中国武术中的太极拳运动之所以姿势优美，其实表现出的就是一种中正、大方、舒展、和顺的形象。许多练功者遵照以上标准，从外形动作入手慢慢转化为内在的“中”。如果内在的中正能够做到“不偏不倚”，所谓的整体就有了。有的内家拳老前辈能在平常人看来身体已经失去平

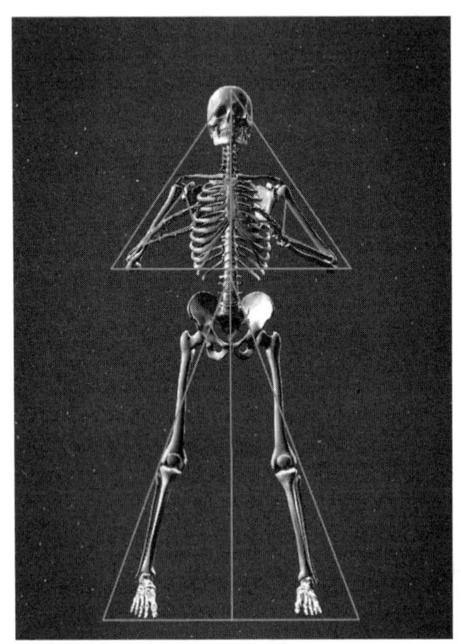

图 3-45 太乙桩正身调形骨骼图

衡或者动作变形的情况下，依然能将人弹出，其原因就是做到了内在的中正。有了内在的中正，也就能逐渐达到无形无象、随意自然的神明境界。通过外在的身体中正不断寻找内在的和谐统一是中国武术内家拳的特点。

将站桩练习时的身形保持在日常生活中，别人一看你的身形体态就不一样。比如，下颌微收、头微顶、颈部后侧与衣领稍靠，头顶百会穴细微上提等，如此男士显得更有气质，女士颈部更加修长、挺拔（天鹅颈）。

图 3-46 站桩功友的精气神

我们看到摄影师拍照时提醒模特最多的就是收一下下巴，我们平时看书，或在自己工位前敲击电脑时，或看电视发呆时等，都要学会中正，保持正襟危坐，端正身姿，习惯成自然。这样，你的整个身形自然呈现出一种挺拔舒展的气质，给人不一样的感觉（图 3–46）。

站桩对促进大脑微细循环组织健康（避免脑梗、动脉粥状硬化、脑膜瘤、高血压等）有一定作用。

站桩运动通过头部端正，提项拔顶的中正姿势要求，以及配合清净意识的放松练习，同样对脑膜及血管膜等微细组织健康有着非常有益的保健作用。

这是一组本人学生的母亲延女士的康复案例，希望可以给予相关专业医护工作以参考。延女士 56 岁时因为头疼、恶心、晕胀等症状就医，通过她在各大医院的检测报告，我们可以清晰地看到，延女士从 56 岁到 61 岁期间，陆续患有高血压、脑梗、动脉粥状硬化等老年性病变。从 62 岁后，她在家人的鼓励、陪伴下坚持站桩锻炼，至 63 岁，即 2018 年 11 月底，身体已感觉不到各种不适症状，再次做 CT，其报告显示一切指标正趋于正常。

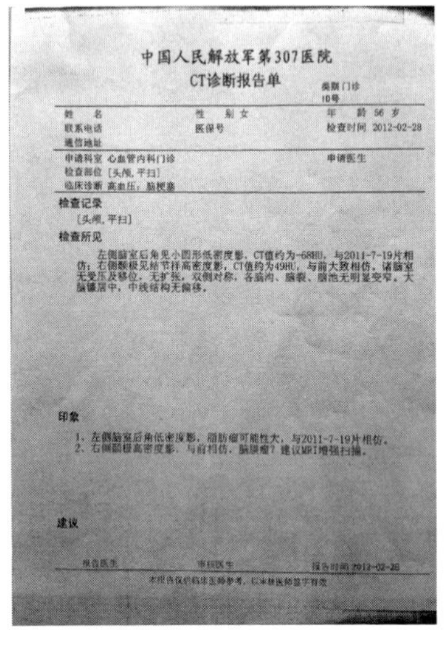

中国人民解放军第307医院
CT诊断报告单

类别 门诊
ID号

姓　名　　性　别 女　　年　龄 56 岁
联系电话　　医保号　　检查时间 2012-02-28
通信地址

申请科室 心血管内科门诊　　申请医生
检查部位 [头颅，平扫]
临床诊断 高血压；脑梗塞

检查记录
[头颅，平扫]

检查所见
左侧脑室后角见小圆形低密度影，CT值约为-68HU，与2011-7-19片相仿；右侧颞极见结节样高密度影，CT值约为49HU，与前大致相仿。诸脑室无受压及移位，无扩张，双侧对称，各脑沟、脑裂、脑池无明显变窄，大脑镰居中，中线结构无偏移。

印象
1、左侧脑室后角低密度影，脂肪瘤可能性大，与2011-7-19片相仿。
2、右侧颞极高密度影，与前相仿，脑膜瘤？建议MRI增强扫描。

建议

报告医生　　审核医生　　报告时间 2012-02-28
本报告仅供临床医师参考，以审核医师签字有效

图 3-47　体检图 1

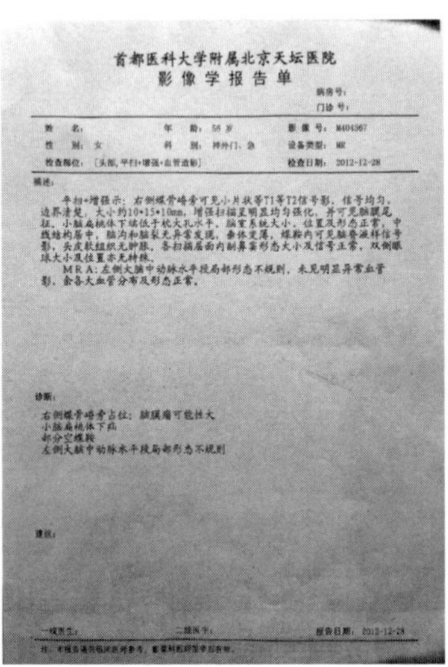

首都医科大学附属北京天坛医院
影像学报告单

病房号：
门诊号：

姓　名：　　年　龄：58 岁　　影像号：M404367
性　别：女　　科　别：神外门、急　　设备类型：MR
检查部位：[头部，平扫+增强+血管造影]　　检查日期：2012-12-28

描述：
平扫+增强示：右侧蝶骨嵴旁可见小片状等T1等T2信号影，信号均匀，边界清楚，大小约10*15*10mm，增强扫描呈明显均匀强化，并可见脑膜尾征。小脑扁桃体下端低于枕大孔水平。脑室系统大小、位置及形态正常，中线结构居中，脑沟和脑裂无异常发现。垂体变薄，蝶鞍内可见脑脊液样信号影，头皮软组织无肿胀。各扫描层面内副鼻窦形态大小及信号正常，双侧眼球大小及位置亦无特殊。
MRA：左侧大脑中动脉水平段局部形态不规则，未见明显异常血管影，余各大血管分布及形态正常。

诊断：
右侧蝶骨嵴旁占位：脑膜瘤可能性大
小脑扁桃体下疝
部分空蝶鞍
左侧大脑中动脉水平段局部形态不规则

建议：

一线医生：　　二线医生：　　报告日期：2012-12-28

图 3-48　体检图 2

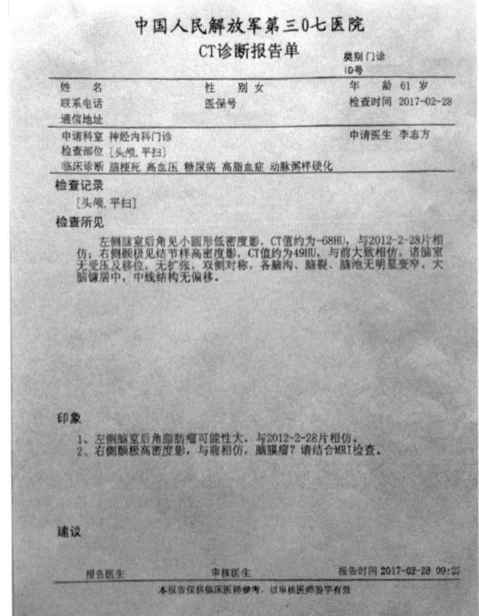

中国人民解放军第三0七医院
CT诊断报告单

类别 门诊
ID号

姓　名　　性　别 女　　年　龄 61 岁
联系电话　　医保号　　检查时间 2017-02-28
通信地址

申请科室 神经内科门诊　　申请医生 李志方
检查部位 [头颅，平扫]
临床诊断 脑梗死 高血压 糖尿病 高脂血症 动脉粥样硬化

检查记录
[头颅，平扫]

检查所见
左侧脑室后角见小圆形低密度影，CT值约为-68HU，与2012-2-28片相仿；右侧颞极见结节样高密度影，CT值约为49HU，与前大致相仿。诸脑室无受压及移位，无扩张，双侧对称，各脑沟、脑裂、脑池无明显变窄，大脑镰居中，中线结构无偏移。

印象
1、左侧脑室后角脂肪瘤可能性大，与2012-2-28片相仿。
2、右侧颞极高密度影，与前相仿，脑膜瘤？请结合MRI检查。

建议

报告医生　　审核医生　　报告时间 2017-02-28 09:22
本报告仅供临床医师参考，以审核医师签字有效

图 3-49　体检图 3

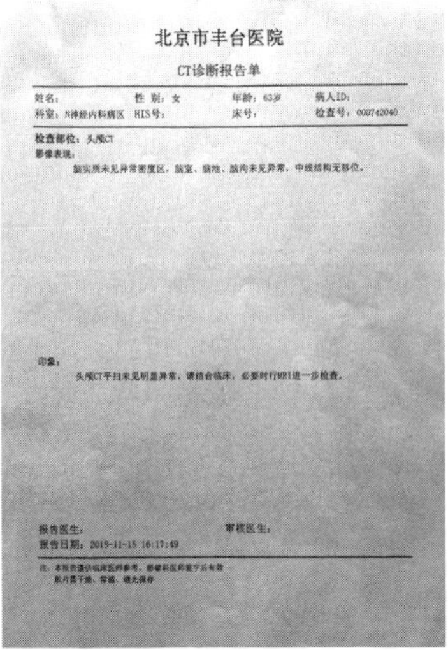

北京市丰台医院
CT诊断报告单

姓名：　　性 别：女　　年龄：63岁　　病人ID：
科室：N神经内科病区　　HIS号：　　床号：　　检查号：000742040

检查部位：头颅CT
影像表现：
脑实质未见异常密度区，脑室、脑池、脑沟未见异常，中线结构无移位。

印象：
头颅CT平扫未见明显异常，请结合临床，必要时行MRI进一步检查。

报告医生：　　审核医生：
报告日期：2019-11-15 16:17:49

图 3-50　体检图 4

千里之行始于足下——站桩与行走

站桩后的行走是一门很重要的功课，可作为站桩前后的辅助，特别是站桩结束后最好是走一下，舒缓周身气血，达到动静相兼的养生效果。

我们的一生都在行走，在匆忙的脚步中，你可知道失去了什么，又拥有了什么；每天游走在都市间，在人群和建筑间不停穿梭，在匆忙的脚步下，隐藏着你的平和、稳健，还是紧张、焦虑、慵懒、颓废。

我们的心是什么样子，我们的脚步就折射出来，行走的状态是我们心理的一种反射，阳光、硬朗的形象是我们每个人都渴望的。行走关系着我们人的一生，人老腿先衰，我们往往忽略了这一点，它的背后，其实有着无穷的人体的奥秘。

弘一法师说："行欲徐而稳，立欲定而恭，坐欲端而正，声欲低而和""凡为外所胜者皆内不足，凡为邪所夺者皆正不足"。行走坐卧与我们的身心健康有着密切的关联。

通过站桩对腿部筋骨气血的滋养，我们要让自己脚步轻快而稳健，而非杂乱匆匆；慢走时则透着优雅和朝气，而非颓废和无力。我们可以尝试把自我感觉从外部世界中拉回到对自己身体的内观中。

天行健，君子自强不息。头顶天心，脚踏地轴，我们的脚与大地相接触，人类追求着健康长寿，都在效法天地。当你的精神集中在外部时，你的气血就会浮躁了起来，收回你的思绪，放松你的肢体，让所有的疲劳、所有的不和谐都从你的身体、腿部、脚部，松沉到大地中去。有些典籍里记载了日行千里、久行不倦的方法，就是让人把精神意念放到丹田，凝神静气，可以不知疲倦地日行千里，虽然说法可能夸张了一些，但是我们也能看出它的一些奥秘所在。

大家可以尝试现在就放松你自己的身体，一节节地放松，从你的颈椎、胸椎、腰椎、胯骨、大腿、小腿、踝关节、脚掌心，这样去一节节地放松，把你的快乐也好，悲痛也好，从你的脚底下释放出去。如果你这样去坚持，你就会让自己浮躁的心一天比一天地静下来，直到忽然有一日，你发现自己如此健康，自己的生物磁场变得越来越柔和强大。在行走间，我们不知不觉地就会改变；在行走间，我们会重新感悟自己的人生，从轻浮到稳重，从无力到有力。我们的心是一盏明灯，要让它照到你身体里被忽略的每一个地方。

脚踏实地

地筋在脚。其实每天都有一位免费的按摩大师在为你按摩，你知道他在哪里吗？

涌泉穴，是因肾经中的经水由此涌出体表而得名，有散热生气的作用，可以开窍、泄热、降逆。

所谓脚踏实地，是说我们在站桩时，双腿双脚要像大树一样深深地扎根于大地，与大地之气相接通。包括前文所讲的行走中，在轻轻地放松身体中，每一次的行走都跟大地有了一次接触，都相当于做了一次免费的按摩。

人的重力靠腿脚支撑，站桩不是死板地站在那里不动，当双脚感到压迫酸胀时，我们可以让十个脚趾抓地 3 秒，再放松 3

秒，如此 10 下，可以有效地调节并锻炼脚底筋膜及各个穴位。

我们每天这样去练习站立和行走，脚底就会被大自然免费地按摩无数遍，充分刺激足底的穴位，接通地气，就像在加油站被加了油一样。按摩涌泉穴有治疗高血压、提高性功能，使人肾精充足、耳聪目明、精力充沛，腰膝不软、行走有力。

现在发现，原来落地是如此的重要！项目要落地、心态要落地、理想要落地，我们的身心更要落地，而身体靠双脚来落地。

小的时候，在农村，有的同学得了脚气，家长也不让就医，就让他赤脚在泥地、在田野中走几天，脚就好了。其实出现问题就是因为我们没有跟大地相通，体内的燥热无法正常排出。

女孩子们在最好的青春年纪，本应该美丽、健康，而现实中却有着太多亚健康的女孩，体弱多病，其中高跟鞋就是最大的杀手之一。因为，它悬空了你的双脚，其实也悬空了你的身心。所以，女孩们，请放下自己的高跟鞋，关注一下自己的脚。

其实我们应该去寻找更加踏实的感觉，漂浮终归是不安的，不够稳定。我们要让双脚接触大地，多让自己与大自然亲近，不要去刻意比较不真实的高度，而要感受脚踏实地时那一刻的真实和安乐。

这里面有健康，有朝气，有着生活的本质，我们每时每刻在行走间去放松腿部的肌肉，也就放松了心理，高血压患者也可以这样做，可以带来一些意想不到的神奇。

站桩——静态运动下的整体筋膜训练

站桩与现代筋膜学

站桩滋养筋骨，使身体处于高质量、高密度的健康状态，用手触摸身体表层，你会感觉筋膜层如猫一样松柔如绵，可是再深入感触，身体密度却犹如大山一样浑厚坚实。这种状态的产生是因为站桩对筋膜锻炼起到的重要作用。

站桩运用在武术竞技的静态训练，因为目标不同及速成的需要，更多的是通过强化姿势，如四平马步及各种姿势难度高的桩法，来刺激、激发那些不易开发的深层次肌肉组织。除了各种浅深层次的肌肉群之外（图 3–51、图 3–52），其实筋膜体系是内家拳中最为重要的核心体系。中国功夫数千年来强调的“易筋洗髓”“易筋腾膜”，就是提高周身筋膜与骨骼的密度质量。

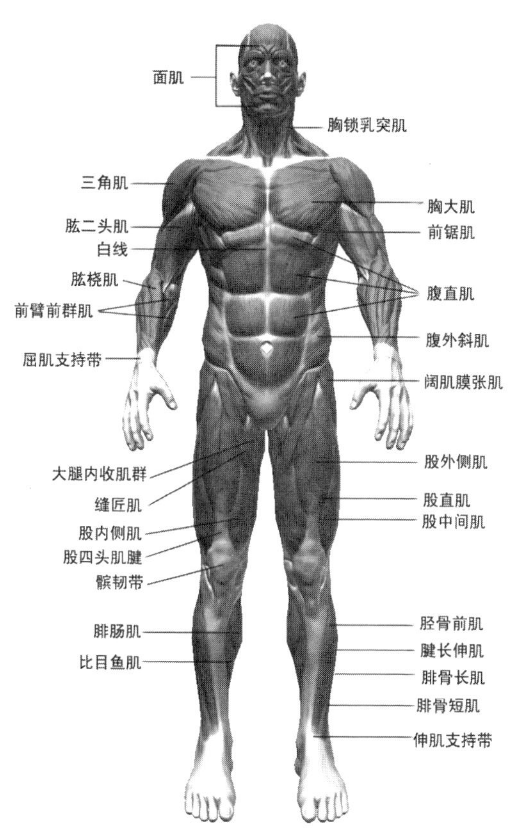

图 3-51　人体肌肉解剖图正面

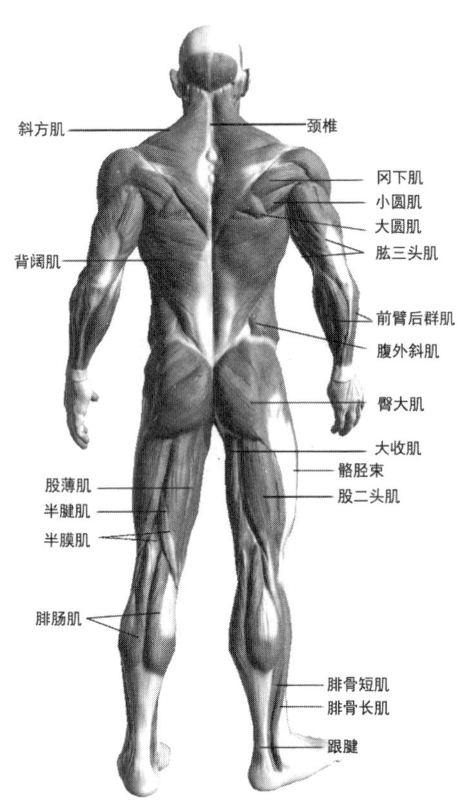

图 3-52 人体肌肉解剖图背面

功架幅度增强的太乙桩，可以有效刺激周身各肌肉及体内各处大筋筋膜，从而形成质量更为强健的整体张力，如图 3-53 所示。

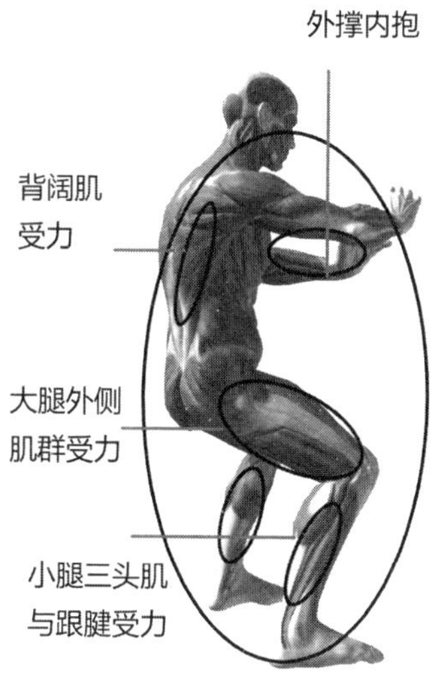

图 3-53 高强度太乙桩

现代拳击运动已经深刻地认识到，真正的力量不是来源于肌肉块，而是像蜘蛛侠一样坚韧而高弹的筋膜。所以内家拳中所追求的六面混元力（或者称弹簧力，图 3-53），都是靠有高弹性的筋膜力量，而非单纯依赖肌肉力量来对抗。有一些运动如瑜伽、杂技、武术中流传的铁布衫功夫等，都是高度身心合一、把巨大的核心力量及耐力结合在一起的运动，练习者的意志已经完全融入他（她）的肌肉及筋膜组织中。根据其不同的运动特性，其筋膜也会有不同的特点。杂技或舞蹈类的高手在感受他们的筋膜时会呈现出惊人的柔软度，而武术家的筋膜系统则大多数呈现出极为刚韧的一种张力，就是传统武术中一触即发的弹簧力，如

一些优秀的中国功夫师父们都可以展现出这样的强大力量。（图3–54）

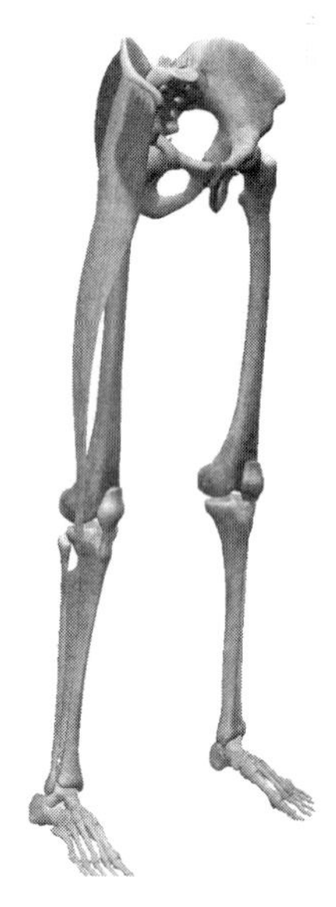

图 3–54 大腿侧阔筋膜张肌

《运动筋膜学》[1] 中黑带八段大师 Lance Strong 说："为了准备应付复合的武术或真正的战斗状态，我们必须知道，不仅要锻炼主要肌肉群，还要提高筋膜的状态和灵活性。"

我在站桩的实践中，最初体会这种感觉是在一次上班中，当时写字楼的电梯门刚要关，一位同事因赶时间瞬间从外面扑进来，硬生生地砸到我身上，我当时无意识地身体一惊，这位同事

① 《运动筋膜学》，Robert schleip Amamda Baker 主编，关玲译，人民卫生出版社，2017年。

同时被反弹开来撞到电梯的斜侧。这种作用瞬间开启了我对筋膜的觉醒和感知。我并不很喜欢破坏和对抗、搏击类的打斗运动，但是在平时一些运动及生活的场景中，筋膜都会自然释放出超乎平常的力量，从而轻易地弹出对手。当自身筋膜系统被激活重建后，把这种身体的觉知带入武术训练和生活中是一种脱胎换骨，也是一种满载的弹性能量和慷慨的自我照护，是我们长久健康生活所需要的工具。站桩就是这种改变自身筋膜系统的最佳工具之一。

“筋”在《中国医学大词典》中的解释为：“筋，肉之有力者也。”《灵枢经》[①]中提及“皮、肉、筋、脉，各有所处”。河南少林寺传承的达摩《易筋经》[②]中记录：“且云易筋者，谓人身之筋骨由胎禀而受之，有筋弛者、筋挛者、筋靡者、筋弱者、筋缩者、筋壮者、筋舒者、筋劲者、筋和者，种种不一，悉由胎禀。如筋弛则病，筋挛则瘦，筋靡则痿，筋弱则懈，筋缩则亡，筋壮则强，筋舒则长，筋劲则刚，筋和则康。若其人内无清虚而有障，外无坚固而有碍，岂许入道哉？故入道莫先于易筋以坚其体，壮内以助其外。否则，道亦难期。”清末形意拳大师河北派郭云深老前辈所述形意拳论中讲：“易筋：练之以腾其膜，以长其筋（俗云：筋长力大），其劲纵横联络，生长而无穷也。”[③]这些观点明确指出了筋和筋膜的概念及内家拳练筋腾膜的筋膜训练

① 又称《灵枢》《针经》《九针》，中国传统医学重要著作之一，是中医学理论体系形成和奠基之作。

② 《达摩易筋洗髓经》，赵振华编撰，大象出版社，2013年。

③ 《拳意述真》，孙禄堂著，科学技术出版社，2016年。

方法。可见中国文化中对于筋膜的理解和重视自古有之。

筋膜在现代医学中被认为就是各种筋 + 膜及纤维之间相互联结在人体中构成的一张完整的筋膜网络，是贯穿于身体的一层结缔组织，它包绕着肌肉、肌群、血管、神经。“筋膜分好几层，分别叫浅筋膜、深筋膜、内脏筋膜，它们延绵不断，贯穿身体上下。”①

在西方的学术系统中，筋膜的功用曾一直被忽略，被认为是一种毫无知觉、静止的包裹性器官。直到 2007 年 Robert Schleip 医生在德国乌尔姆大学（UIm）领导筋膜研究课题，随后协同此领域专家在美国发起组织第一届筋膜研究会议，并于 2013 年 4 月举办全球第一届“结缔组织运动医学”大会。

传统武术中的高手都遵循着“宁长一寸筋，不长十斤肉”的原则。近代功夫巨星李小龙的美国学生 Peter Ralston 在被问及李小龙的寸拳时说：“他把拳头放在我的胸前，不到一英寸的距离，他几乎用看不到的动作就把我打出 6 米开外。”通过站桩和练拳的学员与其他未经过同类训练的人相比较，几乎所有未经筋骨练习的人都不自觉地有被对方弹出的感觉，这就是内家拳讲的“放人”。中国武术把“放人”看成两者搏击状态下一个非常文明的高级方式，目的是避免造成伤残或击毙，以求震慑对方，即通过强大的内在力量既不伤害对方，又让对手产生恐惧甚至是好奇，思考如此强大的力量究竟来自何处？继而将这种敌人转化为朋友。

西方筋膜领域的专家 Earls 和 Myers 提醒我们，从我们的胚

① 维基百科。

胎发育的第二周开始直到死，筋膜网是一个统一的整体，是一个统一的沟通内外的网络。认识筋膜的这种特性对于我们实践站桩可以起到非常有效的指导作用。

太乙桩在武术需求中的筋骨强化练习

太乙桩通过适度地强化站桩姿势可以深度开发背部肌肉群及筋膜组织（如图 3–55 至图 3–57 所示）。

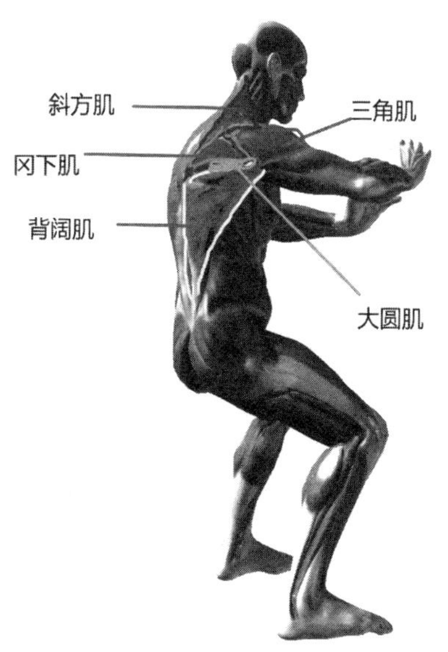

图 3–55　太乙桩背部重点筋肉开发解剖原图

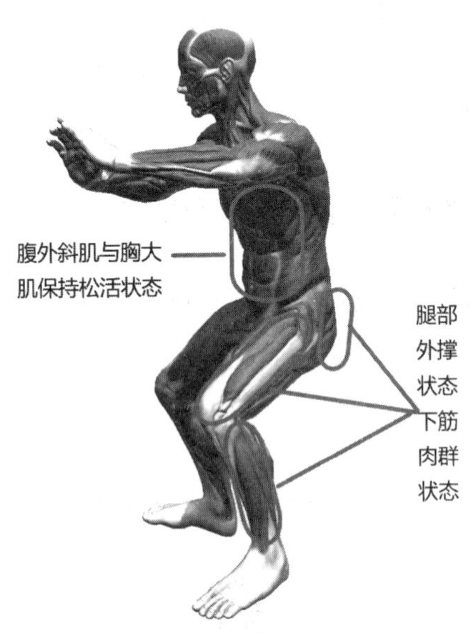

图 3-56 高强度太乙桩腹部及腿部重点筋肉状态解剖图

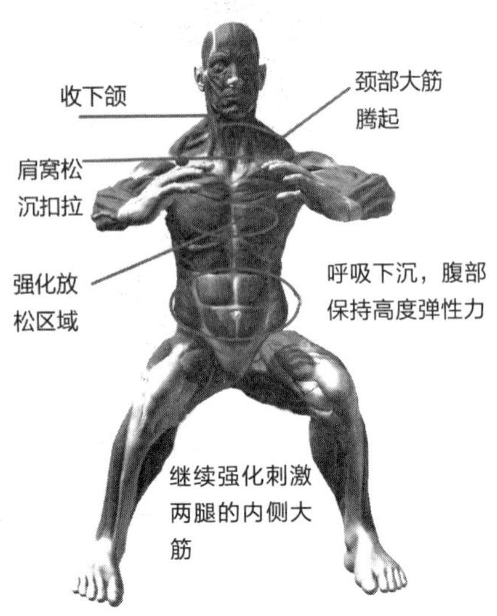

图 3-57 高强度太乙桩筋骨练习要素图

中正挺拔的十字劲

站桩过程中颈椎、脊柱侧弯等问题的自我保健修复，如图3-58所示。

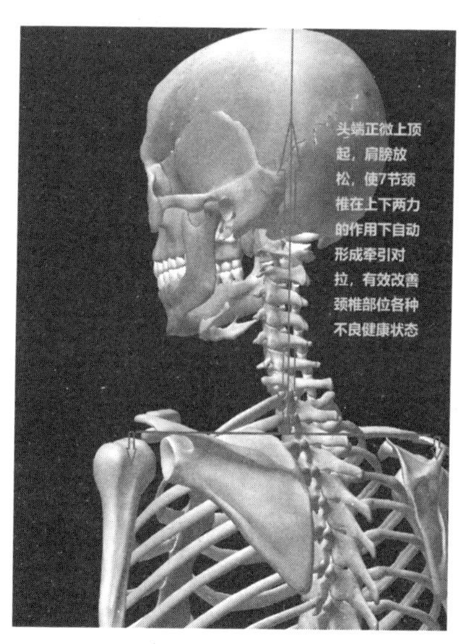

图3-58　站桩头部自我牵引修复颈椎

我们很多人不需要武术中这种大幅度拉筋的训练，大幅度的运动量容易使人体的供需不平衡，消耗大量元气，因此对于普通人，适当即可。其实站桩过程蕴含着大量精细的拉筋技巧，如站桩要求头正而起，肩平而顺，头端正，百会穴上领有微微顶起的那种很细微的感觉，同时肩膀放松等，这样会在无形中产生一种对拉的力，僵化变形的颈椎就在这种上下的牵引作用下自动慢慢打开，逐步进入自我修复调整状态。站桩还可以解决小朋友因为背书包，以及成人伏案、敲击鼠标等紧张姿势养成的不良体态（图3-59）。

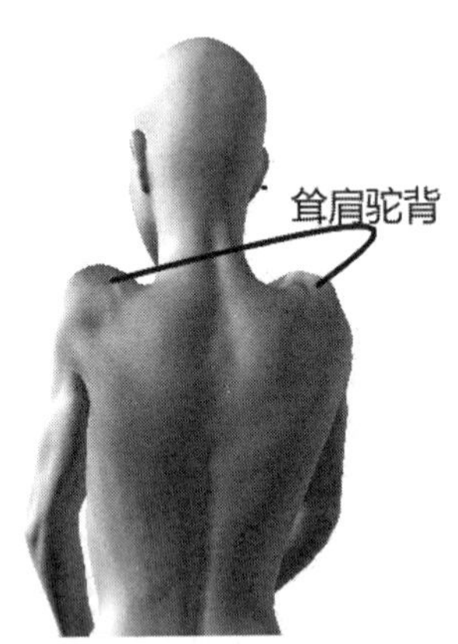

图 3-59 不良姿势导致的耸肩

当今运动种类项目非常多，我们普通人首先稍加运动就比不运动要好，其次有人纯凭爱好选择跑步、篮球、游泳等，再次，少部分会在以上的基础上再去挑选些对身体的益处更大的项目。其实站桩简便易行，无须借助设备，方寸之地就可以锻炼。站桩带来的强身健骨、易筋腾膜的效果的确是任何其他的静态式、冥想式运动项目所不能达到的（图 3-60）。

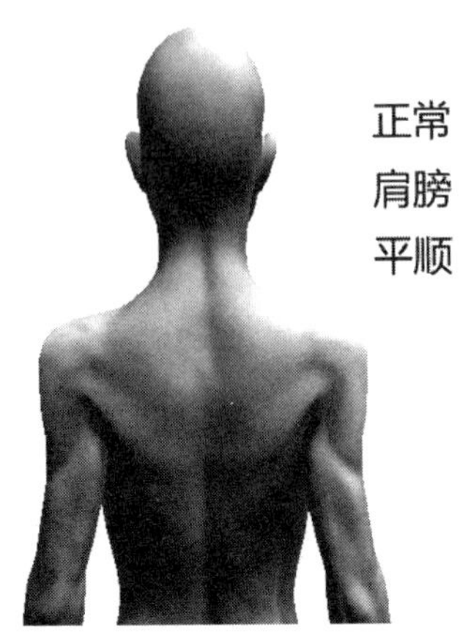

图 3-60 正常舒展平顺的肩部

站桩过程中十字型的力量牵引（图 3-61），可以有效地解除因紧张而僵硬的经筋及肌肉组织。

图 3-61　十字劲

骨者，生于精气，而与筋连。筋之伸缩，则增力；骨之重者，则髓满（髓是人之精也）。筋骨、精气的关系从此可见。而且，气力之增加，乃是筋之伸缩之结果。站桩可以使气贴于背，背部大面积整体肌肉联通，有效增强了拳法训练者的击打力，同时站桩过程中大面积的十字型自我静态拉伸，对脊柱侧弯、筋膜炎等进行自我的良好修复，使背部筋膜在气的作用下健康有序、充满张力（图 3-62）。

图 3-62　太乙桩背部大十字劲拉伸示意图

触类旁通

其他常见有效的辅助桩法，如图3-63至图3-70所示。

《周易·系辞上》："引而伸之，触类而长之，天下之能事毕矣也。"

图3-63　养元桩

图 3-64 龙形桩

图 3-65 降龙桩

图 3-66　大式三体桩

图 3-67　伏虎桩

图 3-68　推山桩

图 3-69　大字桩

图 3-70 坐桩

第四章　站桩语录及答疑解惑

桩法语录集要

九层台高，累土筑之；不积跬步，无以至千里。

以下心得助力读者朋友体悟站桩过程中的点滴智慧：

敢与乾坤兮比寿，与日月兮齐光。站桩关键是一个“桩”字，桩就是要让身体的下半部分稳定下来，要有生根之感。你一动不动地站在那里，头顶天、脚踏地，身体先有了根，体内的气才会自动地慢慢回归原位，该上升的上升，该下降的下降，清气上升，浊气下降，时间一长，身体就恢复到上虚下实的状态。这就好比一杯浑浊的水，你越搅动，它越浑浊，你让它静止不动，轻的东西就会往上浮，重的东西就会往下沉，不一会儿，你就能看见一杯清澈见底的水。

随着功夫的深入，我们会体会到外面一切都是可以借用的。身体、骨肉的力量是有限的，而内心与空间的力量是无限的。所以，你慢慢会打破身体的束缚，把心的力量融入虚空之中，这就是《道德经》中的“致虚极，守静笃”的状态。

站桩要身形端正、心境平和、呼吸自然、松静安详、凝神静气、面带微笑，切忌刻意呆板，要有“心如白云常自在，意如流水任东西”的洒脱。此外，站桩还要求腋下虚掩、脊柱正直、尾闾中正，形成内外、上下两条垂直线，即在内会阴和百会成一条垂直线，在外脊柱成一条垂直线。身体任何一个部位姿势发生错误都会影响到气脉的有效贯通及平衡。

我们只有将向上的顶劲和向下的沉劲相对应，在意识上有着向反方向拉开的意图，使躯干有放长的感觉，才能使脊柱正直、尾闾中正，达到全身气机贯通的目的。

站桩需满身空灵意（空而不空，不空而空，空空相印；虚而不虚，不虚而虚，无为而为之）。提挈天地，其大无外，其小无内，与天地合一，与自然宇宙同呼吸。

坚持是量变到质变的过程，只有长期不懈地站桩等静功养气，才能“天地交泰，水升火降，头足上下，交接如神”，从而使心肾相交、水火既济、阴平阳秘、百病不生。也只有长期地敛神聚气，才能三宝充盛、正气浩然而“气下于海，光聚天心”，气充于内而形光于外，从“额上正中”之“天心”透出“至大至刚”之凛然正气。

站桩要懂得修炼此心，如天地一般清净，日月一般明白，顺其自然，通达自然之规律，回归于自然；破心障、明心识、证本来。

（1）含胸拔背：含胸拔背要求胸部既不腆出，也不凹进，使胸部成为脊背拔长的支柱，脊背靠这一支柱加以拔长。脊背要挺则力达四梢，气鼓全身；脊背要圆，其力推身，才会尾闾中正，精神贯顶，气势优美。

深度理解“涵（含）胸拔背”中的涵胸，不仅是不能使劲含着胸，还要在自然状态下有微微挺拔之意。而拔背，是耳后高骨耸立。耳后高骨往上一引，后背自然浑圆。后背浑圆与前胸空涵就能达到我们所说的蓄、容、养的目的。精神挺拔，后肩井穴、曲池穴一松，气血才能到手。

当熟悉站桩的本源时，我们就可以随时进入桩的状态。我和桩没有了区别，没有了内外。道的无为与佛的空性，当下即是，妄念自消，万里晴空，天地如一。

（2）站桩要“敛神聚气，安心定性”：敛神就是神气收回体内，聚气就是体会气息的运动，安心就是思想意识不受外部事物的侵扰，定性就是体会自我身体的客观运动。“敛神聚气，安心定性”是修炼内功中，对身体内部运动感知的前提。身体内部运动的状态是由生理客观运动发生的，但没有主观上的关注，也不可能显现出来。所以有前辈说，“内家功夫为人道之基，人道以养心定性，聚气敛神为主。故习拳时，亦须如此。若心不能安，则性不能定；气不能聚，神必乱之；心性不相接，神气不相交，则全身之四体百脉，莫不尽死，虽依势作用，法无效也”。

练拳表面上看是动态的，其实内中一片安静，所谓“身形应当似水流”。站桩看似静，其实内心孕育着一片蒸腾，所谓“静极生动，生生不息”。先大和后天根本的区分并不在于外部的形式，而是心之归属。若心动，便是后天。若此心如如不动，便返先天。所以欲练拳，先修心。心里乱七八糟、欲望横行，练拳是没指望的。

不要把站桩当成练功，而要当成生活。因为如果你把站桩当成练功的话，那样练功有的时候会成为一种负担。合适的时候就练，不合适的时候就不练，你会有可练、可不练的选择，但如果你把站桩当成生活，像刷牙、洗脸、睡觉一样，那你就别无选择，因为生活就是这样，你过也得过，不过也得过，逃不掉，也躲不了。

练拳讲“丹田”，其实也可以说人身处处是“丹田”，要做到八面撑劲，身体做到“整体如簧”，处处是撑劲。“开关节”令身体变得挺拔，似乎是人体重组，将每一个关节重新“拼接”，使其具备更大的活动范围；又如同在每个关节内部加置了“弹簧”，使关节变得有弹力，整个人变得充满活力，人体运动呈现出“半自动”的状态，甚至连走路都变得轻灵，如“猫”般地迈步，身体变得异常协调。

（3）背部放松、脊柱挺拔拉长的奥秘：五脏六腑悬吊于脊柱之上，有植物神经透过脊柱传入脏腑。手足十二经皆联络脏腑，脊柱起拔，脏腑放松，脊柱松活，脏腑强壮，此脏腑腧穴在脊柱旁侧之理。大地之气升腾，与天之气相接于体内，滋养筋骨，灌溉营卫，沐浴孔窍。筋得气血而柔顺，十二经筋因柔顺而伸张，伴行之十二经络得张而通。当人体劳累了，首先表现在腰酸背痛，此即脊椎不通。故脊正筋柔，脏腑、四肢百病皆消。

“收视返听”，不是低头看脚，是意识感官集中收敛，脑内凝聚一点，不要太紧张，莫太用力，心平意静，注意力集中即可。因为人体除了大部位的骨骼、肌肉，还有神经系统，在筋膜、意识、气血这个层面，是一套可训练的神经系统。虽看不见、摸不着，但能体会、有体感。松静用意，用意不用力，都是在修炼这套系统。

坚持练功，不妄人生一世，身心健康和谐："凡人做一事，便须全副精神注在此一事，首尾不懈，不可见异思迁，做这样，想那样，坐这山，望那山。人而无恒，终身一无所成。"

我们来练功，先安静下来，心情不要太激动，脑子不要想太多，像准备休息一会儿一样，要放松。要把姿势基本摆正，各大要领粗粗地走一两遍——开始肯定到不了位，也没关系，只要不驼背、不挺胸、不前俯后仰就可以。刚学习的新朋友肯定心情特别激动，恨不得今天练，明天就出功夫，在这里老师得先给练习者泼点冷水，练内家拳，跟种树一样，得按月、年算，踏踏实实地练，"王道无近功"，想一步登天，反而是欲速则不达。没有量的积累，就很难有质的变化，人生如是。内家功夫也是智慧。静心守神，善养其身，天行健，君子以自强不息，一心守道，功德圆满，必然成就。

打拳和站桩，一个动中静，一个静中动，都是改造内环境。体内有改善，才是真的改善。练拳，要平心静气，借自然之力调整，经年累月，终能浑然天成。

心定神宁，神宁心安，心安清净。清净无物，无物气行、气行绝象，绝象觉明，觉明则神气相通，万法归一。同时武德、武风、心地、涵养都属内练的范围。这就是"练拳炼人，拳练一生”的道理，即“人练拳，拳炼人”“既炼身形，又炼心意”，即通过站桩特有的“中正含蓄”、周身柔顺无碍、心平气和、松空妙有等具体要求，逐渐地磨炼出日常处事的从容不迫、不急不躁，养成“诚以待人，毅以治技”，心地宽阔，富有涵养等良好习惯，从而使自己在心理上能经常保持平衡和坦荡长乐。所有这些拳外功夫，无疑是和练拳一样要百炼成钢的。这对一个人面对生活工作时的心理健康是十分重要的。

功夫在日常，我们的行走坐卧与我们的身心健康都有密切的关联。通过站桩和练拳，我们要让自己的脚步快而稳健，而非杂乱匆匆；或从缓慢的行走中透着优雅和朝气，而非颓废和无力。我们可以尝试把自身的感觉从外部世界和对外物的欲望中拉回来，观想到自己的身体中来，迎着清晨的朝阳，感受身心焕发出来的生机。

我们练功要时时刻刻注意对松、柔等不同层次的体悟。只要掌握了正确的练功方向和具体的练功方法，我们才能认真体悟松、柔。要达到“大而化之”的境界就必须在练拳时将气势逐渐放大，只要气势大了，内劲才能随着意念之所至发到外面去，气场才愈加强大。在松、柔的不同层次，大而化之，神而明之，这种功夫不是一蹴而就的，不可能一步登天，而是要随着练拳的深入，逐渐加深对一层功夫、一层体会的研究，才能逐步体验到功夫上身。

达摩祖师有一句话：“外歇诸缘，内心无喘，心如墙壁，可以入道。”练功时就是把外在吸引我们的一切全部关闭，内在的思想也不像呼吸喘气一样来来回回地，也就是没有了过多的杂念。外面断除干扰，内心如明镜，心像墙壁一样隔绝了外在的欲望，我们就可以入道了。

古圣先贤早已定论“大道至简”。古人之“简”，绝非普通理解之“简”，“简”字之后需要净化多余、烦琐、碎杂的华而不实，让“简”真简、更精。

练功从局部之松开始学习，再学习全身之松，由外在之松再慢慢学习内在之松。所谓局部之松就是身体的具体部位之松，如肩膀、胯部、胸部、头部等部位及关节；全身之松就是自头至脚，完全做到松，没有一点僵硬；外在之松就是肉体之松；内在之松就是精神层面之松，神经中枢松静，思想集中，真气流畅无阻，练习中和生活中都要心平气和、遇事不慌、忙中不乱、危中不惊。

“肌肉挂凌霄，玉树挂宝衣。”放松是身上的肌肉放松，身体外形姿势虽然没有改变，但内在要有挺拔向上之意，犹如云端宝树，耸立冲霄。其意就是要保持间架不能松懈，也就是骨骼支撑的问题，越是挺拔就越要注意放松，越是放松就越要注意挺拔，久而久之，自能骨肉分离，仿佛“肌肉挂凌霄、玉树挂宝衣”一般。

涌泉穴就好像一口井的泉眼一样，没有泉眼也就等于没有水。所以站桩时五趾抓地拉拉两脚的筋，使其得到充分的习练，从而打通微循环，畅通气血，使血液流动从脚底到头部，不让经络堵塞。所谓一通百通，一堵百堵。站桩时还可以排出寒湿，做到一身轻松。

大家可以将脚底面向自己，把足趾向上翻起，就会发现一条硬筋会从脚底浮现出来。站桩很轻松地就能练到这条硬筋，站桩时拉拉这根筋，对它会有更神奇的功效。因为“悟性就在脚下”。

（4）论呼吸自然：练功时间长了，虽然是自然呼吸，但并不同于平时的呼吸，会形成腹式呼吸；即每次呼吸小腹部位一张一瘪，在自然呼吸的基础上逐步达到匀、细、深、长。呼吸的最佳境界是完全忘记呼吸。此时的状态是周身毛孔均已张开、放大，所有毛孔都进行着呼吸，与外界空气充分交流。练功达到这种境界会让人感到非常舒适，但无法强求，练习日久，自可出现。总之，呼吸自然，不可人为地追求或控制，这是练站桩功进入高层次的一条重要原则，大家须明白这里面的道理。

站桩如“站立于天地之间”，精神放大，遍布虚空，气脉就会打开。心放得越大、越空旷，脉就越容易张开；越是抓住私我不放，私见越重，越是“狭隘”，脉就越拘谨不松甚至打结，要展开就更不容易了。

做功夫不一定是在静中，能在动中而不动，才是真功夫。在运动中练习神气合一，在生活中保持一颗赤子般的真心。所以修行并不是各种外在的形式或一味地追求坐在那里不动。

调身、调息、调心是练功的三要素。其中调身又是第一步，所谓调身就是在不同的功法中，根据不同的修炼目的与要求，摆成一定的姿势形态。其中良好的姿势形态既有利于凝神入静，培育元气，又有利于放松身心，气运血行。练功者将身体姿势摆得妥当安稳、舒适自然之后，就要有意识地使全身的软组织一段一段、一点一点地放松，并在整个练功的过程中不断加深放松的程度。

初练功者身体不能做到放松，首先因为，精神尚未做到放松，心理尚不能入静，杂念纷纭，此起彼伏，情绪不宁，烦躁不安，心息不能相依相随，身体不能协调统一。其次，由于不同的姿势有不同的要求，要保持某种姿势，必有一定的肌肉群暂时处于或轻或重的紧张状态，导致感觉肩背或腿部酸痛，这都与“放松”有些矛盾，要消除这种局部紧张对人体心理的影响需要一个过程。最后，初练者元气尚不充足，身体、心理都容易疲劳。不过，练习者只要刻苦认真，耐心磨炼，不久轻松舒适的感觉就会出现，那时姿态端庄自然，动作协调自如，只觉全身软组织像棉花一样疏松、柔软，气血流畅，身酥体酣，一切疲劳顿消。

桩法修炼以松静自然为根本，可以使身心有序化，身体跟内心相合，也就是形意合一；精神跟肉体融合，也就是阴阳合一、天地人合一。根据站桩特有的调形、调息、调心等方式要求，大家以心进入，在不知不觉中我们的身心都会产生质的变化。我们打开自己封闭的身心，通融自然万物，自然心境开阔。所以说以松、静、自然为本体，特别是以静为本体，动为作用，这是一直以来我们站桩所遵循的宗旨。桩法是历代圣贤修身养性的方法，我们以此来体验万事万物的规律，并以此来升华自身的精神及道德，使身心状态趋于健康喜乐的正能量状态。

内家拳修炼者很可能看起来不高、也不胖，更甚者是皮包骨头，可是一称体重却很沉。凡是内壮的功夫都会把气血充实到筋膜、骨头和内脏中去，这是内家的修为。这种表现通常都是肾气非常充足的人才会出现的。因为肾气足，骨髓就满，密度就大，外表看起来平平，但是体重却非常重。传统内家拳练习得法就会达到这种效果。放松就是要把松沉的感觉练出来，走路好像猫一样松柔。练习者再按照其要求逐步练习，内气渐渐敛入骨髓，肾气就会逐渐充盈，骨髓就会充足，骨骼就会坚硬沉重，密度大。

健康长寿干洗脸，用搓热的两手掌按住面部，手指向上并拢微曲，做洗脸状向下、向外捋擦数十次，中医书籍记载说“可令人面色有光泽，皱斑不生，行之五年，色如少艾”。手足三阳经脉皆经面部，尤以多气、多血之足阳明胃经分布最广，故本法可使气血不衰，五脏得养，早晚各一次，华颜永驻。

头为至高清虚之地，站桩或打坐时头要中正，顶要虚悬。中正者，不前俯后仰，不左右倾斜；虚悬者，意注百会，“悬命于天”。头部中正虚悬不仅是周身中正之关键，而且诱导气机上升以养脑营神，使神主宰全身活动之机能增强。

拣择就是分别心、执着心。拣择就是挑选。东挑西拣就是在分别意识上用功，就是妄想心的表现。我们用功夫，不但在内心上要排除分别执着，要直接认识到心的本体，直接接触到心的本体。所谓直指人心要跳出人我是非和种种分别执着心。日常生活中也是如此，也要跳出张三、李四，你好他丑，跳出这些分别心。生活中的人我是非是用功中的最大障碍。

日常起居中，处处有一种平等心，一切都好。所谓忘怀世事，世间一切事情都不放在心上。一切事，无非是人我是非。要把这些分别执着全部放下，才可以慢慢地使心内心外打成一片。吃饭睡觉，时时处处，只有这一件事——用自己的功夫。

用功夫不能松，要有定力。人本来是没有定力的，要培养定力。这个定力从哪里来？就从用功夫的当下开始，守一不移。一分钟做到了，就有一分钟的定力；两分钟做到了，就有两分钟的定力。一分钟、两分钟、三分钟，延续下去，连绵不断，绵绵密密，这就是定力的表现。一切都是在当下，都不是遥远的事。生命在片刻间，成功在片刻间，失败同样也在片刻间。一切的一切，都要抓住当下一念不放过。能抓住当下这片刻不放过才是实实在在的功夫。

所为“修行”，“修”即改变，有修正、修理和修除等意义；“行”是言行。所以“修行”，就是修正、改变我们的言行，也就是说，不该说的不要说，不该做的不要做，不该想的不要想，这就叫作“修行”。

“静通神明”，只有通过静才能使人们的思想像水一样得到澄清，进入空明澄澈、物我两忘的境地。我们在练形意拳时无论静功还是动功都以松、静、空、明为要求，动中求静、静中生动，不断地从静到动、从动到静。心如果可以随时进入如止水般的平静、宁静状态，则能给人带来精神上的愉悦。而这种享受能改变人的心态，改变人的追求，更能促进人的灵魂健康。

腹部穴位定位以肚脐为标准，而且肚脐又名神阙，为冲任二脉所系，元气归藏之根。古人云："脐通五脏，真神往来之门户也，故曰神阙。""是神气之穴，保生之根。"功夫要入身体，需由气海入手，待气充盈，腰腹蒸腾发热，转向肩背夹脊，这时以意导之运行于四肢百骸之间，渐及周身，凡意念所注即运气血贯之。

静心并不反对行动，也不是脱离俗世。它不是要你逃避生活，它只是教你一种新的生活方式：你变成了旋风的中心，你的生命继续着，事实上它会更强烈地继续着——带着更多的快乐，带着更多的明净，更多洞见，更多的创造力——但你是超然的，只是一个山顶上的观照者，只是看着你身边所有的事情发生着。

（5）心法课：身心的放松、放开是要有个过程的。这就如同屋子里潮湿发霉，需要开窗、开门、通风、换气晒太阳一样，门窗可能年久都锈住了，一下子难以推开，持续不断地慢慢打开，慢慢地由开一道缝隙，到能够打开一半，再慢慢到全部打开。身心的放松、放开过程也是如此，需要持续不断、持之以恒地去放松、放开，让身心慢慢地进入到彻底放松、放开的程度。

就算做很多事情也要在用功的状态下去做，就是提起正念来历境炼心。无事时安心养道，有事时尽心做事；顺遂时感恩一切，逆境时慈悲包容；对外境看到缘起性空，观内心观察无我自在。修道有方，下手要准，久而久之，必证自然圆满大道。

如何挑领十二条大经筋是形意门站桩特有的功夫要求。其通过特有的桩势特点，惊起四梢，有效地锻炼、挑起周身十二条大筋。经筋之中藏着经脉，经筋有着藏护卫经脉，促进、调节经脉中气血正常运行的作用。经筋的舒张、收缩有调节气血流量、流速的作用。经筋是人体运动的动力来源，即人体的运动全仰赖于筋，它既有保护人体的作用，又是力量的源泉，有“宁练一寸筋，不长十斤肉”“筋长一寸，力大十分”“筋长一寸，寿延十年”“骨正筋柔”等实践印证的益说。大家通过一段时间的课程练习，当元气充沛及对自我身体非常熟悉之后，可以逐步进入挑领各部位大筋的锻炼。

扩展阅读：

冬天保固元气的小功法：握固。握固是道家养生修炼中常用的一种手印，即将大拇指扣在手心，指尖抵于无名指（第四指）根部，然后屈曲其余四指，稍稍用力，将大拇指握牢。此处从中医经络而言是肝魂关窍之所在，中医学理论也提出“肝主握”。新出生的婴儿肝经气特别充足，出于自保，往往会本能地紧握拳头以“固魂”。

经常握固的人不易受到外邪的伤害，可以如赤子一般，可以抵御外来的邪气，在冬天如果穿得少、容易伤风的时候，用握固的方法，且少说话，可以抵抗寒冷，防止寒邪入侵。“还精补脑”也是根据道家“握固原理”设计的功法，所以经常攥拳握固既简单方便，又对人有益无害。

肩有“四德”：“四德”即松、通、开、转。肩节以松、通为最要。松肩要如同肩节能卸下来一般；通肩是使肩与脊椎贯通，一伸俱伸，一缩俱缩，二者如同被弹簧链条连通一体一般；开肩是使肩胛骨打开，肩井有下沉之意，有阔背松胸、气沉丹田之效；

转肩是肩节能转圜自如，如同车轮正、反向随意转动，转圜起落与脊椎伸缩相符节。通过此“四德”可使周身一气贯通，手臂伸展直如飞箭，曲如龙盘！

采用腹式呼吸健脾美容：从中医角度来讲人的脾胃为后天之本，也是气血生化之源。脾胃功能健运，则气血旺盛，见面色红润，肌肤弹性良好；反之，脾失健运，气血津液不足，不能营养颜面，其人必精神萎靡，面色淡白，萎黄不泽。

我们练拳时间长了，“气势宜鼓荡”，内脏加强了蠕动，好比对肠胃等内脏器官进行自我按摩，使三焦气机通畅，脾胃升降和顺，新陈代谢加强，中土运化水谷功能健旺。饮食可结合“红枣茯苓粥”起到健脾安神、滋润皮肤、增加皮肤弹性和光泽、养颜美容等作用。

为什么要练习松？一个基本的原因是为了抛开肌肉，突显出筋来。只有肌肉放松了，筋才能突显出来，也才能被体认和练习。所以练传统功夫中的内在功夫一定要学会放松。如果单纯一味地练习肌肉，就等于是关闭了内功之门，可能一辈子与内功无缘。所以，松是练筋的最基本条件。

筋膜与劲力的关系是：筋为劲力之本，膜为劲力之源。筋长一寸，力大千斤。可见，筋是劲力的根本。而劲力的源头则是膜的“鼓动”。所以膜是劲力之源。

只有身上松开了，才能体会到真的静；真静了，才能使身体内部的气血流动，内劲运行，这样很多现象就产生了。这时其实还没有产生大动，因为产生这个静的时候，还没有“致虚极”。此时你松得愈好，感觉到身体愈来愈柔软，只有此时，你才能体会到你是不动的。但是身体里面有东西动，外面没有东西动，这时身体里面的动就愈来愈明显。明显到什么样的程度呢？比如说身上会疼痛，背上会疼痛，里面细小的东西会疼痛，这个阶段内气还不够畅通，但已经开始换劲，内劲因松静而得以和顺，开始生机勃勃，健身养气的状态就开始起作用了。这也就是《黄帝内经》中讲的“恬淡虚无，真气从之，精神内守，病安从来”。

站桩是使自己身心合一的最佳方式。人类生命的意义之一就是对自己最大程度的了解，了解一切与生命相关的信息，从而任用自如，自在无碍。

修炼遵循的是“恬淡虚无，真气从之，精神内守”。练功者要想达到“真气从之”，首先必须做到心情清净安闲，排除杂念妄想，而身体放松又能促进心意宁静。练功中身心一旦进入松静和柔的状态，呼吸自会匀细柔长，此时体内和气四达，升发于腠理之间，邪气无所滞留，有利于气机宣畅，强身健体，增益寿命。

古语说：心唯静则和，心和则气和，气和则形和，形和则天地之和应矣。练功时心若动荡不安就会导致呼吸不顺畅，身体发僵，气血郁阻，因而起不到内气祛病延年的作用。

凡欲养体，先须养胃；凡欲养胃，先须养心；凡欲养心，先须养神；凡欲养神，先须养气；凡欲养气，先须养精；凡欲养精，先须养性；凡欲养性，先须养智；凡欲养智，先须惜命。夜睡不蒙首，则一呼一吸，真气往来相接，神自定矣。夜饭减数口，则五脏涤畅，气自和矣。

按自然界属性，春属木，与肝相应，因此立春过后要注重养肝。中医认为肝的生理特点是主疏泄、在志为怒，恶抑郁。中医称肝主筋。所以，站桩时反复拉筋可以让经络畅通，祛湿解毒，安好睡眠，疏肝理气。“肝”净人轻松。

站桩如玉树宝塔，头领身正，诸力朝前。站桩稳当不为能，静中触动难上难，头领身沉力拔山，一触即发全靠它。

提谷道，肛要提。提肛为上提海底，接通任督先天之机，但并非有意去提，而是精微要领做对，自然微微上提，先天之机非后天刻意所能比。

练功中的观照也可以理解为觉察。觉察是一种发现自我和发现世界的最佳方法，小到明察秋毫，大到鉴天俯地；近到得失寸心，远到咫尺天涯；快到当下即是，慢到尘劫历练。只有觉察才能发现。觉察也是一种境界，风雨不惊，去留无意，如如不动，若大明镜，普照虚空。

课程讲录

针对多年站桩同修们的疑惑，如“我已经练了几年了，我现在练功练到什么层次了？我到什么境界了？”等。我于 ×× 年 ×× 月 ×× 日，在线上从历史溯源、前人境界、实践结果、身体虚实变化等深层次进行了全面解答。

在北京，每周六的上午和下午都是我跟大家一起在线下聚练、交流的时间。我们今天是在线上一起来学习、了解功夫的文化。上节课我们对本功做了一个非常简单的溯源，这里面有一些同学也提出了一些问题，我觉得非常好。因为大家有问题，说明大家对功夫有了一个积极的学习心态，因为有问题，我们也可以引申出一些内容来。毕竟几十年的一个练习的经历，用短短的几分钟来讲，信息量肯定是不够的。只有大家积极学习、勇于提问，我才能更好地把我的心得分享给大家。

我今天就分享两个大家比较关注的问题：一是我练功练到什么层次了，二是我到什么境界了。这个问题也是非常好，因为这是很多我们的桩友都非常渴望知道的，希望对练功的层次境界有一个阶梯化的认识，或者是说站桩究竟能达到一个什么层次。因为我们都有追求真理的这份心，所以说这些问题非常好，我今天就结合这两个问题跟大家一起做一个详细的了解。

我们作为修炼者，修炼大道，以拳入道，练入道的桩，一定要回过头来细看，要尊重历史，形意传薪非常注重传承，没有传承就没有能量信息，这对于功家来讲是非常重要的。

《黄帝内经·素问》上古天真论篇，就是关于“修行”这一篇，黄帝问道于广成子曰：“余闻有上古真人者，提挈天地，把握阴阳，呼吸精气，独立守神，肌肉若一，故能寿敝天地，无有终时，此其道生。”大家注意，其实在这里已经把站桩的境界非常完美地表达了出来，也可以说非常真实地体现出来了。这个是我们人类对自己的人生、生命的一个终极追求。

《黄帝内经》一著中黄帝把历史时期分为上古、中古，还有他所在的那个时期，同时他又把人分成了几个层次，第一是真人。上古的时候，这个真人他可以掌握天地变化的规律。其精神内守，通过独立守神使筋骨肌肉以及全身达到高度的协调。所以说他的寿命等同于天地，而没有终了的时候，这是他实践练功的结果，这个人叫真人。那么真人就是一定要实践练功。

第二是至人。“至人者，淳德全道，和于阴阳，调于四时，去世离俗，积精全神，游行天地之间，视听八远之外，此盖益其寿命而强者也，亦归于真人。”

古人为了修道，远离世俗间的种种纠缠不清，一心不二，懂得把握体内阴阳及四时变化，积累精气，炼气化神。自然能够体健神明、延长寿命。那么这种人，黄帝说亦归于真人。这种他要借助一些方法，如他要跟天地相合，要掌握自然的规律，就像我们现在一样要掌握很多的养生方法。然后去世离俗，跑到山里面去修炼，我们去终南山修炼，去那里躲起来修炼，以精气神为大药，所以，这种人也很厉害，也是可以修成真人的行列，跟上古的时候也是一样的，只不过修炼的方法可能不同而已。

第三是圣人。原文曰 ：“其次有圣人者，处天地之和，从八风之理，适嗜欲于世俗之间，无恚嗔之心，行不欲离于世，被服章，举不欲观于俗，外不劳形于事，内无思想之患，以恬愉为务，以自得为功，形体不敝，精神不散，亦可以百数。”

圣人大家都比较熟悉了，比如我们熟知的孔子、孟子，他们的儒家文化，他们的思想及行为称得上圣人。我们可以多多了解一下真正的儒家文化，并学习圣人的品德，儒家文化还是可以达到圣人的境界。我们这里就不仔细地去说了。

第四是贤人，贤人就是有贤才的人，不是闲着没事干闲着的人，原文曰 ：“其次有贤人者，法则天地，像似日月，辨列星辰，逆从阴阳，分别四时，将从上古合同于道，亦可使益寿而有极时。”

道家的修炼要掌握阴阳五行，然后要掌握二十四节气，也像我们普通人学养生，吃饭、穿衣要符合天气的变化、自然界的变化，也追随这种上古的真人对大道的实践，使我们的生活符合养生之道，这样也能够长寿。

但是，这些并不是很长久。上古天真论篇的最后一句话说，这个贤人他也可以合道，但是他根本上还不是层次最高的人。我们看了桩法的本源，最上一层是“真人”的境界，就是“独立守神”。无论修炼还是做具体的事情，有的知识我们懂了，但你会不会是个问题。比如，你是学会了“独立守神”这个词了，也知道了它的含义，但是你有没有去做，学了和做了，还有做得好不好、做得精不精的问题。大家有的是没有学习过站桩的，有的是学了的，站桩看着简单，但是一站进去，可以说奥妙无穷，为什么奥妙无穷。

所以，我们从上古天真论，可以看出站桩的整个境界。黄帝把历史时期为大家分了三个时期：上古、中古、跟他当时的那个时代，把人分为真人、至人、圣人和贤人，分别对应不同层次追求的人。

我们现在可以对照自己，你是想学真人还是圣人，或者是至人，贤人。上古天真论是给出了一个大概的定位，即心理定位。万法唯心造，看看你的心是大到什么程度，你追求的目标有多高，你是要做一个普通的人，还是做一个有崇高理想的人，就是要定位，在大的方向上看你理想的境界在哪里，你的理想抱负是做真人、至人，还是做圣人、贤人，至人也归于真人，都是有最高的追求。

站桩像大树一样，下接地气，上接天际，所以有“百年树人”的说法。人要像大树一样，要成才。

以站桩得道入道，我们可以在历史记载中看到具体的例子，是在有详细记载的历史里，不是道听途说的，或者是自己关起门来演绎的说辞。

每个门派，比如道家也有隐派，如隐仙派等，它是不出来的，很多教派是不出来的。我们的功法一开始也没有出来，没有人知道的时候都是不知道的。有明确正史记载的，大家都知道的是全真教，即王重阳创立的全真教。全真派王重阳的弟子王处一也是得道的，他被称为真人。皇帝主动约见问道并册封他为御阳体玄广度真人。他是全真七子之一，跟丘处机一样，在民间非常有影响力，有很多修炼和传道的故事流传，这些在正传、正史里面都有记载。为什么要讲王处一？刚才还讲通过桩法成就得道。

他就是我们说有正规记载的，尤其是在正史的记述里比较多的，也是比较早的，还是比较广泛让人知道的人物。王处一当时练功的时候有个外号叫“铁脚仙人”，铁脚仙人王处一以后大家也可以查一下、看一下。他就是站桩，人们叫他“铁脚仙人”。可以知道他腿上功夫有多厉害。丘处机写诗说王处一“九夏迎阳立，三冬抱雪眠”。九年练习终得上道。

其实道家有很多高层次的站桩流派，多数是隐传的，因为身传口授等单传的原因不会有明确记载。在中国道学文化里，刚才我们说“真人”一词是来自《黄帝内经》，人们都以成为“真人”，修成正果为目标。真正的修炼才能成为“真人”。所以希望大家的终极目标第一是真人、第一是大道。但是修炼都有一个循序渐进的过程，我们看了王处一，他是“九夏迎阳立”，当初达摩也是面壁九年，每个修炼者只有经过一个艰苦卓绝的过程，才可能达到最高的成就，这最高的成就是大道。我们来自自然，也回归于自然，从哪里来回到哪里去，能回得去很重要。因为王处一是有这种明确的桩法成就记载的，从我们站桩来讲，想入道，成就大道功夫，是一定要知道的。

“九夏迎阳立”，大家都能做到吗？王处一练了九年，而且常常是临危崖跷足而立，数日不动，所以人们叫他“铁脚仙人”。你可以试试在那站着不动，好几天不动，这是需要很大的恒心跟决心的。我们现在读书也是从小学开始，都很努力读到大学，又读研究生，从早读到晚，也都很用功。但是修行的时候，我们就不当回事了。你又想着考上研究生，又不读书，肯定是不可能的。想想我们读书都是花费了十几年的功夫才有了现在的学历，更何况修炼它也是一门大学问，这么大的学问，你是不是也能像以前读书一样从早读到晚？所以，我们先不要纠结自己练到什么层次了，先看看自己练了多少，这个是很重要的。

王处一在羽化的时候说，群仙约我了。我们为什么选站桩和形意拳？不能仅仅当它是武术来看待，形意拳历代都是为修行的。我们后面还要讲孙禄堂也说“自有仙人来接引尔”，这是武术圈公认的修为。他的体证还有好多，形意门里有不少修至化境的门人。所以王处一是已经证得了这种真人的境界。他说“群仙约我”，然后焚香朝礼，书“跃出乾坤造化权，神光晃朗遍诸天，飘飘鹤驭超三界，喜受金书玉帝宣”。我们可以看出，王真人到达的境界。

那么我们通过自己的一个几十年的实践站桩，还有跟很多功友的一个交流，跟很多老师的交流，发现如果我们从开智慧来讲，从最高的智慧层次，可能站桩跟别的修炼是没有什么区别，但是它在这个过程中所体现的状态，跟其他的法门相比，是有其独到之处的。就是说我们可能在智慧层次上它是没有区别的，在最高的上面，但是在路程中体现出来的这种状态，它的体现是不一样的。就像我们的电视剧，是悲情的，有喜剧的，反正终极目标是娱乐，但是它有这样的，有那样的。那么站桩所体现出来的就叫体健神明，会让身体非常强健，所以说武术家就把站桩吸收到自己的秘传里边去。

在十五六年以前，站桩基本上都是秘传的，能说出来很不得了，这就是为什么王芗斋当时把形意拳桩功和盘托出，在那个时期非常轰动。现在站桩的影响力这么大，我们反复地提他，就是因为他把形意门的桩法，即秘传的桩法都给讲出来了。以前这个桩是秘传的，都是不讲或者说它根本没用。老师们说没有用，有两个原因：一是老师们确实没有仔细地研学过，二是他们担心你学了这个桩更厉害了。

我们知道在竞技武术里面，速度、爆发力、身体素质都非常重要，练习者都用各种方法来提高身体素质，提高体能，训练手段也多样化。在用了多样化的训练手段以后，高手们发现在武术的训练里，站桩就可以让人强上加强，在原有的基础上让潜能得到激发。所以，桩功才成了一个秘不外传的方法，也成了一个法宝，但是站桩并不是全为武术服务的，只会站桩，就去实战肯定是不行的，搏击技巧也得练，因为站桩对搏击者是起提高辅助作用的。

但我们这里讲站桩的目的不在于此，桩法来源于道，我们希望大家回归到道的本源上。练功是为了修炼，没有这个体悟，说明你还不够了解，所以，我们要清楚地了解这些一点。站桩是有次第的，处在不同的阶梯层面，练出不同的功能状态，达到不同的境界。

刚才我们看到《黄帝内经》里最高的真人境界，真人境界它给提炼得非常简单，即独立守神。大道至简，却又让人感觉非常艰难。独立守神，没有玄虚。如果你在合道的状态下去站桩，身心都会自然而然地发生变化，一切都会自然而然地发生变化。这时候就是要看你的心法了，万法唯心，所以古书功夫修行都要讲心法。

佛家有佛家的心法，如净土宗的心法、禅宗的心法等。道家每一个门派，也都有它的练功方法，但最重要的都是心法。表面的姿势动作可以看到，也好模仿。每个人都在这坐着，有的人是东想西想，如有的人想着电视剧，有的想着打麻将，有的想着情仇恩怨、爱恨离合等，就是说人的心是最不确定的。所以练功的时候我们要制心一处，心往一个地方放，心往哪里放，练出的东西就不一样，这也是门派的原因，这就形成了不同的门派。所以我们修大道要从最高道上上走，道法自然，大道无形无相。禅宗佛教也讲，“万法皆空，缘起性空，空而不空视为真空”。这就是说我们要回到本源上来，《道德经》中讲“无为而无不为”的“无为”法门。

我们站桩养的是浩然之气，心法就是“提挈天地，把握阴阳，独立守神，肌肉若一”。这是我们说本功的一个心法要求。我每次带大家练功的时候，都会带新学员按照心法来一起进入。所以我们要随时记住，首先把心深深地沉静下来，把心态调整好再去站桩。只要这样去站，我们自然而然地与天地沟通与大道天地的能量接通，于是我们的身心就会起变化。

那么，在这个变化中，它会出现不同的层次反映：开始的时候是“由虚转实”。什么是由虚转实？由于我们很多人没有经过修炼，身体是虚弱的，就是你的阳气不足。由虚转实的过程，其实就是元气充足了。在相对体感来讲，我们身体虚弱的人往往体感是最强的，因为你的身体是不同的，这里好那里不好，你一站桩，你进入场里面，你一切都在自动修复的时候，只要你有毛病的地方，都会出现不协调，只要你是舒服的地方，它就是没事的。所以说我们有冷热胀麻痛，不同的部位感觉像蚂蚁爬过、电流感或者是痛、冷等，这都是得气的表现。当有气感了以后，体内的元气就会修复你的受损部位，我们叫“修病灶”，然后还会“挖病根”，而且会深挖，这时可能会觉得我不站桩也挺好的，我一站桩老毛病就犯了。这个时候我们一定要知道，如果你不站桩，你这个老毛病是表面上觉得没什么，其实它在里面有作用。那么你通过站桩就可以把它挖起来，并帮助身体自动地修复。

有时候个人觉得单纯讲业力是一种偷懒消极的表现，就是说我们大家学佛的也挺多的，一有点什么事，你看我业力好大怎么样？所以说你看中国的道家，就是“我命在我不在天”，他要改造命运、改造自我，哪里不顺改哪里，我身体不顺改身体，心里不顺改心里，我们站桩先改身体，先把身体改好，看哪里不通顺，哪里不好，我们就把它搞好，整好。所以说我们往这一站，在大自然的这种信息场里面，身体自然而然地就会恢复。你按照这个方法，按照这个姿势去站，那么不好的它自然而然地就在转好，所以我们可能不需要用太多的语言来形容，不需要陷入太多的口诀和秘咒。我觉得如果是在大道场里，大道至简，就是越少越好，道法自然。我们回到自然的场能里面，我们自己实现人体自我修复功能。一切的一切都在这里，一切都可以迎刃而解，这就是我们以桩法来修炼的指导思想。

开始的时候体感明显的人80%是那些体弱的。但除了这80%弱体质的，健康者也有敏感型的，这是少数例外，其中的一些道理以后再讲。还有一些人是没有体感的，可能就是他的体质比较好身体相对来讲没有什么毛病，阳气也很盛，他的体感一开始肯定是比较弱的。一般来说，男同胞的体感要弱一些，女同胞的体感要强一些。人虚的时候就会出现种种状态，这个时候不要担心，就按着我们的方法站桩，这样一步一步站下来，水到渠成，问题自然而然就会迎刃而解。我们都有辅导老师，大家有问题可以问，而且我们前面有那么多的同学，都给大家做了这么多的实验，还有那么多的学习体会心得，大家有空的时候也都可以看看。

在由虚变实的过程中，精气神填充身体，身体就变强变壮了，这会从几个方面体现出来，第一就是你的身体慢慢地，随着你的体感，不好的地方在慢慢修复。例如，精气神越来越足了，这说明你的气机发动了，身体的元气越来越足了，生机非常旺盛，内气充盈。打个比方，元气就像我们自身的水源流出的水，灌溉全身，如果没有水了，大地就干涸了，身体的毛病就出来了。那么开始你久旱逢甘露我们的身体肯定感受很明显、很舒服，慢慢水多了，感受也就不明显了，越来越淡了。

当元气越来越足，这个时候我们身体的五脏六腑就越来越和谐，心也可以起到对所有脏腑的统领作用，即所谓的五气朝元。为什么我们现在又提起脏腑来了？现在我们经常站的混元桩以前就叫太乙九宫神力桩或太乙九宫桩。人体内有九宫，即心、肝、脾、肺、肾、膀胱、小肠、大肠、胆。九宫和谐，整个内脏系统才能绝对健康。

少林寺流传的《易筋经》《洗髓经》，对筋脉、骨骼、内脏等有深层次的调整作用。你的元气上来了，就会通过筋骨肉表现出来。我们经常在一起的同学们，就经常会体认到，当我们推手时，彼此这么一接触就感觉到对方的筋膜它是腾起来的，这是易筋的一个体现，因为它不是肌肉的力量，它就像一种能量附在你的筋络中，其实就是筋膜的力量。我们通过练功可以真实地感受到这种状态，它并不是虚假的意识层引导，是可以体认的方式，可以证明的客观存在。

站桩怎样才能达到整体平衡身体？这就需要调桩、调身、调形，是非常微妙地调整。然后我们再在这个基础上。调整心态。其他的我们不要去执着，也一定不能执着。我们不能停留在任何相上，包括这个人说看到这个了，那个人说各种镜像出来了等，这也是一种“关”。从我们功家来讲，色就是看得到的有形的东西。不管这东西是怎么看到的，是肉眼看到的，还是被激发出来的，它都不是根本。

包括我们的各种觉受，这里热了那里凉了，刚才讲了，这些都是自然的反馈的过程，我们不要把心驻在上面，也不要纠结在上面，否则脑子就有毛病了，修行、修炼要看最高的法门。道家讲大道至简，复杂的不是旁门，便是左道。佛经那么多经卷，浩如烟海，最后大家看不过来了，学不过来了，不知道究竟了，而所有般若经的要义核心就是《般若波罗蜜多心经》(以下简称《心经》)，我们有了《心经》的指导，就知道怎么真正进入了。《心经》讲，无色声香味触法，最后连法都没有了。所以，我们在练功过程中不要执着于一点点的声相、色相以及各种的触觉，这点非常重要。道家也是一样，道家讲无为而无不为，内心一定要无为，不要执着。如果刻意与众不同，时间久了，越来越多的虚荣、骄傲、傲慢等心态就会滋生，从而导致自己失去平衡，害了自己。所以，道家修行讲“和光同尘”，就是让我们能融入这个世界，无论是自然还是社会。

随着身体精气神的回归，气就对我们的肉身起到了滋养的作用，这个时候筋就养起来了，这种经筋被称为经络纵横。我们现在讲现代医学，西方医学界近几年提出了出筋膜理论并应用到运动康复中。中国古人特别是练功的人很早就讲筋了，所以有《易筋经》《洗髓经》。

元气足了，才能滋养筋。站桩一开始时气不足，我们通过练功，能量、元气自然而然地就蓄积起来了，这些能量、气慢慢就会转化我们的身体，这个时候一定要继续积累，这也是我们坚持练功的原因。练武功的人其实是很容易做出成绩成就的，只要心念一转，乐于实践，积极行动、不偷懒。

随着元气的充足，我们再一点点积累，直到它作用到筋上，在筋上的体现也是你的筋慢慢被养强健了。中国人的养生文化强调调养，重视培养元气、培本固元。我们之所以说筋在养而不在于过度拉伸，我们也看了很多运动员，特别是体操运动员、各种杂技运动员，他们的柔韧性相当棒，看起来也非常健康，但其实他们的身体是很糟糕的。现在这方面的媒体报道太多了，也充分说明了运动员的伤病现象是非常普遍的和严重的。他们非常勤奋，但是付出的代价也是非常大的。

所以说筋在于养，不是筋长（cháng）一寸，力长十分，是筋长（zhǎng）一寸，力长十分。筋要去养，筋长（zhǎng）了就会变大。我们从中国内家武术高手身上看不出肌肉块来，因为内家武术是从道家修炼中发展出来的，内家高手不管高矮胖瘦，筋都长得很大、很粗，你可能看不出来，但是通过跟他的接触，或者听老师说，你再自己体证，就会感觉出来了。

接下来的一层，我们才能体现到骨头上。人只要元气充足，骨骼也会慢慢地变化。以前练功非常喜欢用“金刚”两个字。在佛家的体系中，金刚不坏是指修行达到的层次，属于超越三维的微观世界。那么在宏观世界上，金刚不坏是指身体不容易坏，骨质密度高，虽然他并没有吃很多东西，但是他的骨密度增长很多。我们站桩一年下来，年底可以体检一下，骨密度肯定会增强的。

有一个衡量的标准，通过老师给的这种体认，或许你能感觉得到。比如平时跟朋友们练推手，如果跟经常练功的人推，你的手腕就会被他硌得青一块、紫一块的。而等你练的时间久了，就会恢复得特别快，或者不出现青和紫了。等你练得更好了，对方就会觉得你的骨头特别硬，跟你过招，他的腕子上就出现青紫了。

人们平时去健身房健身，或者是武术运动员训练，都要用器械来增强自己的力量和抗击外力的能力，而我们站桩并没有去这么做，而是自然而然地就达到了这种无形之气出于体内，自然而然地出现筋膜腾起、骨坚如铁的状态。骨头自然而然地就比较沉实、非常的实在了。气虽无形无象，确实看不见，很多同学说我没有体感，也体感不到气。但是有的同学是敏感性的，能体会到，那么我刚才讲了，相对敏感型的可能会少一些，不敏感的还占多数，那么不敏感的同学就通过这些方法去练习，就可以体会到气足。你看我并没有做什么，我就这样站着，这样练功，我们筋的大小就在长长、骨密度就在增强了，时间久了身体像个非常充实的轮胎一样，这也到了真正的内家功夫的精要了，也就是形意门郭云深师父讲的周身的“筋膜腾起、经络纵横、骨坚如铁”的状态了。我们上次直播也说过王芗斋讲的四如境界，“整体如铸，身如灌铅，毛发如戟，肌肉若一”。这样身体就整起来了，比较沉、密度比较大、很瓷实。

这就是我们通过站桩达到气满混元身的一个体现。在很多功家身上，它都可以体现出来。比如说在传统武术中，特别是形意拳中，有很多老师可以达到整体如铸、整劲很棒，身体密度比较大的内壮状态。

这个时候就是达到了由虚转实的一个层次了，有以下几点具体的体现是：首先是我们觉得健康了，更有活力了，身体慢慢地变棒了。随着练习的深入，我们的筋有变化了，变得有力量了，像年轻人一样有劲，筋骨强健，体健神明。我们一定要练到这种非常强健、超越常人的状态，否则的话就是有问题，或者是不怎么练，或者是方法有问题，或者是方向不对。我们练功首先要获得健康，切实为自己服务。

我们从虚转实以后，还有下一个层，就是由实再转虚。一开始的虚是虚弱的虚，后面的虚就是虚空的虚了。在看得见摸得着的情况下，我们的身心已经到了一定的状态了，我们还可以再往上精进，这就像是物理、化学反应，能量要升华，一定有由实转虚的过程，也就是道家讲的炼精化气、炼气化神、炼神还虚这样一个过程。

在这里还有一个比较有趣的现象，很多弟子都经历过，叫作“换劲”。所谓的“换劲”，其实是身体的一个身心转化的过程，就像能量级别一样，从低级往一级二级三级转化的过程，每转化一次，身体就会起变化。比如说开始的时候身体弱，有各种各样的反应，就是由弱转强的时候，有各种各样的反应，反应因人而异，各有不同。但练到一定的时候，这种反应可能慢慢就消失了，我们不要执着于它，刚才讲的换劲反应是我们修炼内家拳时最有趣的一个现象，大多数人都会出现。功夫在往上走的时候，会有一个阶段出现一种懒洋洋的状态，浑身无力，说不出的一种麻痒。身上一点劲都没有，就想趴在那，像猫一样懒得动，浑身酥软，骨头酥软等。此时比较耗心力，是考验一个人的时候，因为进阶的时候真的是特别难。人就想这样趴着，不想动弹，可能骨头都痒，这就是说明练功练到了一个更深的层次，身体处在转化的过程中，骨痒筋酥，这种滋味说不出来。我们有的弟子说，是百爪挠心。所以说换劲是很有意思的一个情况，其实是非常好的一个状态，这个时候我们应该趁热打铁，继续努力练功。

刚才讲由虚转实，我们觉得身体有力、充实。那么以后由实转虚，身上觉得一点力气都没有，但是别人觉得你的力量很大、精气神很足，但你自己就觉得身上天天是空空荡荡的，啥都没有，有一种找不到自己的这种感觉，身空，就是这种体感。这种换劲的体感也很有趣，它是在我们正常的身体上，练功已经有序化以后开始的一个能量跃迁升级的变化过程。这个时候我们要按照心法来随时镇住自己的心，即心要定，心要安，然后静等花开，不需要强求。

功友们总是咨询我，到底自己练到第几层了，也就是站桩站到什么程度了。我给大家找出了一个参照。第一，我们看看《黄帝内经》，黄帝讲了真、至、圣、贤四种人的境界。可以说，跟古人比，现代人对人的研究反而是远远不够的，这就是我们为什么要学“往圣之绝学”、学习中华民族留给我们的最精深的文化的缘故。《黄帝内经》第一篇的“上古天真论”，让我们直接就站在一个“真人”的角度来看人的潜能。站桩这样的传统文化的精髓是一代一代人实践出来的，古圣先贤们早已经把很多的规范，很多的天地人的、天地万物的规律、造化明明白白地展示给我们了，而且非常具体，有据可循。“道生一，一生二，二生三，三生万物”，大多数的人都在细枝末节上做文章，东西越搞越多，但我们应该做的是回到一、回到道上去。

我们教功夫一直秉承大道至简的原则，不管大家是否觉得缺少花哨和变化。当然我们也可以编出很多的东西来吸引大家，但是我们一定要坚持这看起来最枯燥的东西，因为它是最有用的，因为我们知道同学们一定会成长，一定会随着自己的体证，提高认识并乐在其中。同学们只要努力，只要愿意往上走（如果浅尝辄止那就没办法了），就会发现我们一开始告诉大家、教给大家的，就是最高、最终极的东西。

所以，我在一开始就这样做了一个标准：再忙我也要抽出时间来跟大家一起站桩，要一起体认、一起成长。我的初衷就是让大家真正地去了解我们的功法，大家了解得越好、越彻底，对我们的整个功法体系的认识就越深刻，也就越能够从我们传承的这一中华文化的精髓中获益。

站桩这项往圣之绝学现在离我们这么近，我们一定要珍惜，在这么好的时候，要把我们祖先这么好的方法坚持下去，应该知行合一地去实践。

站桩弘扬的是道家“我命由我不由天”的精神，我们只要很好地改造我们的身心，追随上古真人的境界和方法，就会不断改善健康和命运，很多问题都会随之迎刃而解。

中华民族历来有着一种坚韧不屈服于命运的民族精神。有些人经常怨天怨地，有些学佛或者学道的人往往堕入歧途，遇见什么事都说业力，这些都是很消极的表现。贯通儒释道三教的袁了凡先生就否定了这样的态度。他的家训《了凡四训》又名《命自我立》，讲的就是如何通过仁德去积极地改变自己的命运。

我希望通过带领大家站桩，让大家的身体整体上都有一个全新的变化，如说元气充足了，心里充实了，筋骨强起来了，女士们皮肤也变得好，呈现出容光焕发、晶莹剔透的效果。

正气存内，自然而然地很多病就不生了，很多的病无形中就消失了。元气充实如太仓，我们就实现了由虚转实。之后，当我们经历了筋、骨、髓的洗炼后，我们再往不同的“虚”上转，这是一个升华的过程，就像我们动功里面的至柔，《道德经》中也讲“天下之至柔，驰骋天下之至坚”。所以，我们达到一定程度，它必然是一个实的开始，也是另一个虚的开始，当然这又是另一番的大学问，我们在后期慢慢分享。

当然达到上面说的这些状态不是一天两天就能实现的，需要一个过程，并非一日之功。但是很多是可以看得见、摸得着的，我们有时在上课的时候让同学们摸一摸身体，感受这种整体的状态，如肌肉筋膜放松又充实的状态、骨质的状态、发力时的状态都会让同学们进行感受。因为它的直观性比较强，我们不需要说得很玄。大家只要是碰到了、摸到了，就会有感受，比较实际、比较具体。

可以分享的还有很多，今天时间有限，我以后再慢慢跟大家分享。好，今天就到这里，谢谢大家，谢谢各位同学！

答疑解惑摘录

1. 感觉放松到腿部的时候，总觉得撑不住，完全放松膝盖就过脚尖了，是不是筋的力量不够？是否要保持适度的紧张？

回复：

首先放松不是懈、不是软。站桩要按照标准站姿站，骨骼挺拔，骨骼要像大树一样支撑提拔。全身的肌肉、气血，无限放松。

如果你感觉懈了，是因为姿势变形了。姿势不能变，要标准，要像大树一样挺拔，然后身上的肌肉、百脉去放松调整。松的过程永无止境。随着松的层次不同，功力也会有不同体现。

松得越彻底，身体的状态越“整”，就能实现“若一”“抱一”的状态。

2. 为什么站桩这种静止状态的“运动”可以使身体很强健？

回复：

我们先了解人的肌肉运动的特点，从是否可以随人的意志而收缩运动的角度，肌肉可分成随意肌和不随意肌 2 种类型。一般情况下，运动系统所讲的肌肉属于随意肌，如肱二头肌归属的骨骼肌就是随意肌，它能在意识控制下做强有力的收缩；而心脏、血管、胃以及其他内脏里面充当衬里的肌肉组织则是平滑肌，这些不能随意志自由运动的平滑肌是不随意肌，包括筋膜体系。

站桩的动作大多是建立在一种整体肌肉群充满张力的姿势的基础上，然后调节、放松，静态下减少了随意肌群的做功。为了保持稳定姿势，深层次不随意肌就被激发、参与了进来，得到了有效的运动锻炼。同时筋膜组织中的神经元也得到激活，增强、增大了筋膜的整体张力及连通性。这样就会使体内深层次的肌肉、周身筋脉、筋膜及骨节得到参与更多运动的机会。

那么，除了对于肌肉的理解，我们中医文化还讲究“养元气”。《易筋经》中有言“膜为元气之别使”，意思是筋膜是人体元气的通道。把这个通道打开就能按照中医中讲的“通则不痛，痛则不通”的原理来调整身体机能，使身体通透，减少病痛烦恼。始终保持这种锻炼就可以滋养元气，使气脉更加充盈，身体机能在这种情况下会更加充满生机及活力。而生理的健康会同时映射到心理，使身心进入愉悦和谐的状态。身心健康了自然就会起到增进生命质量的养生妙用。

3. 站桩可以美容、塑形、提升气质吗？

回复：

在站桩过程中，我们时刻注意保持“百会上领、身形中正、精神内守的体态及精神状态”，这样的要求会使习练者保持一种含蓄的劲道和挺拔优雅的体态。这种体态高度符合人体养生的最佳生理姿势，同时会激发激活周身各处经络，使肾经自然得到开发和锻炼，有了元气的滋养，再通过多采用腹式呼吸的方法，使脾胃升降和顺，新陈代谢增强，中土运化水土功能旺盛，健脾安神，滋润皮肤，所以，面部及周身皮肤会变得细腻光滑，弹性紧致，身心如盛开的花朵，绽放出一种特别的阳光和气质。

4. 我现在已经 60 多岁，练功有年龄限制吗？

回复：

站桩姿势简单，在学习时所有的动作都要求非常柔和放松地去做，所以适合任何年龄。只是随着练功的深入，很多年轻学员筋腱变得非常强大，可以去追求一些更高难度的力量展现，但年长的同学不必纠结于此，可以坐桩，可以走桩，可以在太阳底下晒后背、抱一会儿桩，以舒适、心旷神怡养生为主。

5. 练功调理身体没有吃药、做手术解决得快，而且需要时间，这样会不会和工作生活产生矛盾？如何看待练功？

回复：

不会产生矛盾，站桩反而会提高生活和工作的质量。《黄帝内经》曰：“上工治未病，不治已病，此之谓也。”不要等病情或身体状态恶化时去挨一刀，而要日常就用合理有效的方法去调节保健。随着现代信息技术的发展，大家对健康越来越关注，知道有些疾病当体检出来后，往往已经是晚期了，这样对患者自身及其家庭的生活都会带来很大的痛苦和磨难。所以防患于未然很重要。

至于时间，一开始学习肯定需要一定的时间，因为生命毕竟是一门深奥的学问。随着学习的深入，练功可以贯穿于生活之中，形成一种生活方式，这样就会使身心和大脑得到良好的休息保健，更加有利于健康及工作。

但是我们也不能把站桩神秘和绝对化，病来如山倒，或者有的病情发展很快，所以该就医还是要就医，站桩可以作为康复的辅助方式。

这个问题大家要有悟性，生命是自己的，健康是自己的，这和任何人没有关系，因为收获的健康和愉悦不属于任何人，属于你自己。你健康、阳光了，家人都会跟着高兴；你身体病恹恹，心里又纠结压抑，亲朋好友也跟着消极。所以天行健，君子当自强不息。

6. 站桩可以听音乐看电视吗？

回复：

如果很烦躁的话，也可以先听舒缓幽静的音乐，使自己平静下来再站桩，但是站桩的过程中是不建议听的。站桩的目的是平心静气、养神、养元气，我们的身体和内心没有经过修炼的话，一开始其实都是比较紊乱的。通过这种站立的方式、不动的方式让身体安静下来、沉淀下来。这个时候如果去看电视或听音乐，会让你的神跑掉，就是你的注意力离开了与自己关系最密切的身心，就像水一样，一直在摇荡中，那么杂质终究不能沉淀。所以，在站桩的时候，根本就在守神至虚，所谓静能生慧，要细心体会身体气血及学会调节内心的状态。

7. 站桩具体能调理什么病？

回复：

我以前讲过，站桩的确可以起到很好的保健、康复的效果，但是不能把它绝对化和神秘化。站桩是一种周身的调理，可以说对于很多慢性疾病都有很好的保健、康复作用，站桩可以使身体达到瘦不露骨，肥无余肉的健康体形，内心变得愉悦，心量宽广，深层次解决人体的亚健康状态，特别是解决当今社会中长期伏案等带来的颈椎、腰椎问题，以及脾胃不和、肾气不足、气血虚、焦虑、肥胖、失眠等问题，效果明显。古人讲站桩可以打通经络。我们站桩的人一定还要懂得调整心态，如果心态好，即使不站桩那你也很阳光快乐。乐观的人本身就不容易生病。所以我们站桩也要注意修心。心态是根本，当这些身体和内心的问题解决了，那么生命的方向也自然就会向健康与幸福扭转。

8. 站桩需要运用意念吗？能否运用意念？

回复：

在站桩修行的过程中，关于意念的运用有严格的要求。开始时当我们无法分清何为念头、何为思维、何为意识、何为心时，尽量不要使用意念，不要胡思乱想。所有我们后天的思维、意念其实根本就不是真正的你，所以运用很多意念的话，会掉进自我思维意识的圈子里，容易障碍自己，需慎之又慎。当然很多传承的桩都有不一样的要求。大家可以根据自己老师的指引去体会。

从整体而言，长期站桩需要一些正确的内心指引，可以参照孟子的“养浩然正气”，可以效仿老子的“清静无为之心”，这样不仅利于健身，还利于心理健康。

9. 我杂念很多，站桩能入静吗？如何做到没有杂念？如何让念头停下来？

回复：

站桩是可以入静的，进入一定的境界，静能生定，定能开慧。

但是站桩入静不需要刻意地停止念头，否则，你会很累，甚至自责、放弃，陷入负面情绪，刻意停止念头只会让你陷入一种顽空的状态。禅宗的智慧告诉我们烦恼其实也是菩提，人不是石头，石头没有念头，但那是没有生命力的。人是万物之灵，是有情感的生命，认识和处理自己的情感和情绪是最重要的，所谓“应无所住而生其心”。所以不要刻意停止念头。站桩先要学会观察自己，善于转化思维，如一个开心或者是伤心的杂念来了，我们无妨去体验。但是不管好还是不好我们都要学会不断地放下，这样时间久了，就会“不以物喜，不以己悲”。如果有一个良好的心态，一切真相就自然会显现出来。

10. 站桩有危险吗？

回复：

站桩应该是最安全的运动之一，毕竟不涉及剧烈运动或者危险动作。但是中、老年人或身体本身就有很多问题的朋友，就要注意站桩中的“排病反应”，尤其是心脑血管有问题的患者，可能会是有危险的。因为其动脉狭窄，随着气血的复苏，心脏和大脑的供血在内部旺盛地运行，可能会出现问题。所以，有这方面疾病的朋友应该注意饮食起居，经常去医院体检，以静养为宜。

11. 如何正确认识站桩中的“排病反应”？

回复：

由于每个人的年龄、体质、所患的各种疾病以及疾病程度的不同等，所以站桩过程中所出现的“排病反应”也不同。但是，它们都有一个共同的特点，就是在站桩的过程中，病情加重了，并且还出现了从来没有发生过的现象，如原有关节疼痛的加重，以前只是阴雨天有点疼，现在站桩 10 分钟就疼得厉害；原本失眠好些了，这几天又反复了；有的五脏六腑的毛病以前没发现的症状都出现了；等等。这时大家会感觉很恐惧，因为没有遇到过这种情况，你会以为自己病加重了，或者又得了什么病。其实所有发生的这些症状和现象，就是站桩过程中正常的病灶反应，这时新病、旧病、未来病会一起给你翻出来，然后随着周身元气的补充和滋养，五脏六腑、四肢、百骸将自动达到健康有序的状态。

所以我们不要心生恐惧。一些重症患者、危重患者在就医期间适当运用以站桩为辅助度过这个阶段，就是胜利。当你度过排病反应期，会发现你的生活每天都有好消息，以前的困扰在不知不觉中就消失了，这就是身体不断好转实现自我修复、疗愈的过程。

12. 站桩姿势经常出现错位怎么办?

回复：

大家在站桩的初期，如果没有老师指导，要多看图，对照镜子按照站桩要点逐步观察体会每一个动作细节。但是大家最好定期地找老师指正。大家需要慢慢克服左右手、左右脚不平衡及身姿歪斜等现象。因为大家看不到自己，没有镜子和老师，自己感觉一切都很正确，闭上眼睛也不会感觉哪里不平衡，但可能会感到别扭。这是姿势及阴阳不平衡所致，当然在站桩初期这是一个很正常的过程。通过不断矫正和自己的努力坚持，姿势自然就标准了。

13. 站桩出现了幻觉怎么办？出现了奇异现象怎么办?

回复：

《金刚经》云："一切有为法，如梦幻泡影，如露亦如电，应作如是观。"所以站桩和静坐一样，出现任何幻觉、任何奇异现象都不要在意，把它们当作五彩的肥皂泡，视若无物，自然就会过去。如果再出现这种情况也是这样处理，慢慢地定力就上来了，就不会发生干扰了。其实，不管是三维还是多维世界，当智慧没有开启的时候，你是无法判断真相的，所以不执着、不追求、不在意它就是最好的处理方式。

14. 站桩是否对膝盖有损伤？

回复：

站桩时保持一点微微弯曲，不但不会对膝盖有损伤，如果膝关节有伤，还会促进其修复。很多人曾经因为跑步、跑马拉松等过度运动损伤的膝盖，结果因为站桩的缘故，反而痊愈了，而且好得非常快，甚至超乎想象。

15. 站桩哪个时间站为好？子时、午时，还是哪个时间段好？

回复：

以前练功特别讲究的分别在四个时辰，即子时、午时、卯时、酉时进行。道家有“子午抽添、卯酉沐浴”这种说法。子时、午时是天地交泰，一个是阴尽阳生，一个是阳尽阴生，天地和谐，酉时和卯时在中间，这些时候能量特别强，这是针对道家修行来讲。现在就以合理运用时间为主，有时间就练，灵活运用自己的时间。

16. 我爱热闹，希望有幸福感。看到站桩朋友散发着幸福和开心，我站桩为何感觉很孤独、寂寞？

回复：

这样性格的人刚开始站桩时可能会有落差。但坚持站桩是打开内心真正的幸福感的手段，这源于它特有的筋膜训练体系。现代医学研究发现，我们人类的触觉 C 纤维群位于人体有毛发的身体筋膜区域内，通过站桩筋膜练习，这些神经元可以触发、激活岛叶皮层，使人产生和平幸福感与社会归属感。

开始站桩时的寂寞、孤寂是因为人们内心浮躁、没有定性。你爱热闹是因为你这颗心浮躁惯了，浮躁成了惯性必然就成了浮躁的奴隶，今天开心 2 天，明天难受 2 天，开心只做给别人看。但是只要你慢慢坚持，把这些浮华褪去，一颗喜悦幸福的真心自然会升起，真正幸福感满满。

17. 站桩的量怎么安排，是不是越长越好？

回复：

是的，这是定律，任何事情没有量的积累都不能达到最好的状态。所以，站桩必须多站，这是站桩的定律，通过站桩调理病，每日不得少于 2 次，早晚各 2 次最佳，每次不少于 30 分钟。每日站桩 1 小时左右或以上，则为最佳。那么每日站桩 2 次、每次 1 小时，和每次站桩 2 次、合计 1 小时有什么区别？每日站桩 2 次是上上之选，因为这样可以给予脏腑充分修复、调理的时间。如果没时间就 1 次，这样也很好。随着功力的提升，大家可以加长时间，慢慢循序渐进，而不要猛站 2 天，又荒废好久，这样欲速则不达、过犹而不及。

18. 站桩有什么注意事项或者禁忌吗？

（1）选择不直接有风吹的地方。

（2）放松，不是松散、软塌塌，而是骨骼和大筋在支撑，肌肉在牵引状态下调节放松。

（3）处处以心平气和、松静自然为主。

（4）注意不可低头，眼睛不可下看，睁眼视线为水平线或者略高于水平。

（5）身体一定要按照姿势图保持端正，这样有利于自动矫正脊柱及体态平衡。

（6）身体太弱的功友前期可以坐在凳子上双手以固气养元式为主。

（7）站桩前后尽量不要暴饮暴食，不要喝冷水、吃冷饮。

（8）站桩后尽量不要马上洗澡，如需要洗澡，建议在半小时后毛孔都关闭以后进行。

（9）雷电等恶劣天气下尽量不要站桩，以免受到惊吓。

（10）饮酒后和醉酒后不宜站桩。

（11）站桩时应注意学会调理情绪，转化各种不良情绪。

（12）成人需节制及注意房事养生，频繁性生活会损耗元气。夫妻之间应多以彼此尊重、关心为主。

（13）患有精神分裂症、癔症或者有该病史及家族病史的人不能练习，急性危重病人、严重神经功能症患者不宜站桩，各类传染病患者不宜参加集体锻炼。

（14）在内功养气、调心阶段不适合同时练2种以上的功法。

（15）尽量衣着宽松站桩。

（16）练功时应注意循序渐进，贵在每天坚持，使之成为自己的一种生活方式。

19. 站桩是否需要收功?

回复：

站桩需要合理收功，必须以舒缓的动作转化由静到动的过程，使气归丹田，同时让气血更好地流通，完成从静止到动态的转换，让自己有一个适应过程。具体可以多请教自己的老师。

20. 浑身发抖，腰酸腿疼，站不下去怎么办？我自己觉得这个腿抖的问题还是缺乏锻炼，肌肉力量太欠缺（小时候用过大量激素治疗，后来肌肉力量一直很低），针对这种情况，是不是采用一些肌肉锻炼的方式也很必要？还是坚持站桩就

行了？

回复：

正常情况下站桩发抖这都是好的现象，是自身打通经络最好的时候，越抖就越放松它，也不必要再进行别的肌肉锻炼，因为抖动本身就是深层次肌肉运动（传统功夫称肌肉似惊蛇），一般的运动也刺激不到这些深层次的肌肉及筋膜组织。站不下去的其实是自己的心，是内心实在坚持不住了。站桩过程并没有马拉松那种巨大的体能消耗，需要面对的更多是内心的起伏，要认识这颗动荡的心。这一点你一定要看清楚。它可能并不是真正的你。

站桩过程中的腰酸腿疼等状况是一个必然的过程，但是站完 10 分钟以后就会浑身轻松，症状消失，这就是在自我修复后呈现的结果。抖动是一关，过了就是一片新天地。

21. 站桩有什么要求，能达到什么高度？

回复：

站桩有很多法门，有很多要求，在桩法上因为方向不同，要求也不同。目前就希望大家把身体修好，把心修好，至于以后能达到什么程度，要看个人努力。师父领进门，修行在个人。

22. 修行的人怎么站桩？

回复：

修行人通过站桩可以改变身体。道家以前被形容为仙风道骨，要改变原来不健康的身体（色身），如果色身不能转，我们也谈不上什么修行了。所以站桩是转变色身非常重要的一个方式，表面看着不动，其实是内动，各种方式的微妙变化，养浩然正气。这可以从我们身体出来的变化得到验证，如骨密度提高了、肌肉质量提升了、各种活动能力在原有的基础上有很大的提升等。这说明你身上的能量开始回聚了、升华了，能量级别在微观世界开始变化，你的肉身、内心、生物场开始起变化，种种变化。万丈高楼平地起，我们如果有了一个好的身心就可以利于诸事。

23. 为什么中国武术里把桩功作为不传之秘？

回复：

站桩被武术家拿来用，可以增强自己的各项身体机能指标，包括爆发力、体质等，通过练习站桩，都会呈现出特别强大的状态。整个生理机能特别棒，超过常人，所以武术家把桩功作为不传之秘，传内不传外，传儿不传女。桩功在中国传统武术里非常受重视，一般一开始不教桩功，只教套路。桩功即使一开始就教，学员也不理解，觉得枯燥，会逃跑，学员也不爱练，觉得没啥用处，所以桩功只有最后亲密的弟子师父才教，因为他能信受奉行，能去珍惜研究。这是以前的状况，现在大家意识已经转变了。

24. 站桩饮食上有什么需要注意的吗？

回复：

和现在科学健康的饮食结构一样即可，荤素搭配，以清淡、合理的膳食为主。

25. 站桩的过程是净化自己的过程，是提升自己的过程，在站桩的过程中每当战胜自己的不良习惯时，自己感觉会站得更好，身心也更加合一，这样的感觉对不对？

回复：

体认非常正确。站桩源自中国的道家文化，站桩就是一个入道的过程，是与天地沟通、自我净化的过程。虽没有玄虚，但一切都在悄无声息地改变，改变自己不良的习气、秉性，战胜自我，化掉自我不良的意识，去私欲，与天地相沟通、相和谐。

第五章　习练体悟摘录

以武入道

臧文龙

华夏五千年，中华文化博大精深，而古往今来，无数名家巨擘刻苦磨炼技艺，为国术的弘扬发展做出了一生的贡献。我辈后学，有幸习得此艺，虽未窥其门径，却愿尽己微薄之力，将师承技艺及自己的点滴心得奉献于众。

我从小对功夫非常仰慕，结缘有太极螳螂拳、南拳等，但正如电影《一代宗师》中的一句话：念念不忘，必有回响。2008年，我与莫子老师结缘于大道功法，开始以修身观身来修复、修正多年肉体上的伤痛、恶疾及不良习惯。起初对师父所言心法不是很理解，但记住了师父说得最多的一句话：慢慢来，一个台阶一个台阶地往上认识（一直很受用“慢慢来”三个字）。

通过对自己的反复驾驭、不断地克服自己，从练功时间、外物干扰、事情磨炼……慢慢我认识到了身体的回归，并对外界越来越敏感。身体发生变化的阶段就是身会影响心的变化阶段。师父将佛学、道学、儒学三者融合在功法中，这是师父所传最精妙的地方，以拳入道、拳禅合一（在不知不觉中功夫就上身了）。

习拳与文化的对接使我深深地认识到，中国人的智慧都是在实践中获得的。功法不只是肉体与心灵的洗礼与沟通，也让我有了一种使命感，练功积累越深这种使命感越强。看到学员们通过功法的洗礼，很多学员气力增长，身体病灶得到明显改善，我感到非常开心，这也是大家认可此功法的最根本原因。以武入道是用最简单的形式，让你认识到规律、节奏等，通过快与慢、松与紧、起落、中正等来认识这些形式背后的文化。而每个阶段都是人的一个层次，如年轻气盛、中年沉稳、老年静守这些都是道涵盖的规律。

在当今信息盛行的时代，我们是否能定得住自己的心，做我们该做的事，把一件有意义的事情持续地、不变地做下去，无论遇到什么困难都能持续不断，这就是功夫所谓“一日不练十日无功”的道理，生活中也是如此，只要你持续做事一定会取得圆满成功。

文化是中国人的精神力量，我们一边实践一边回归。从古人到圣贤再到现在承上启下的影响，希望每一位国人都能认识到它的重要性。一个人只有自身健康了才能影响整个家庭的健康和谐，进而影响身边的朋友、同事乃至社会群体，通过传功、传法为整个社会做出积极正能量的贡献。

练拳小觉

陈　宏

我练习内家拳有2年了，逐渐体会到内家拳的好处，不单是身体素质提高，免疫力增强，精力更充沛，而且你会不断发现你的脾气、性格、习惯和形体都在慢慢地改变，老前辈说：内家拳无他，但变换人气质，诚不虚也。

第一，遇事变得沉静了。同一件事情你不像以前那么容易生气、上火了，其实是虚心实其腹的结果，气从胸腔降到了腹腔，气沉了，心火和肾水相交开始滋养人的身体，自然变得不那么容易烦躁，易上火，而且有利于身体的稳固。

第二，有段时间我总觉得自己周围的胖子都变瘦小了，在确认了他们的体重没变化后，又以为是自己见的胖子太多了，想想也不是，后来终于想通了，应该是自己能量变大后的一种错觉：面对比你高大的人你已没有原来的压迫感，反而觉得他们瘦小了。这就是传统功夫的魅力，自身强大了遇人、遇事都不会畏缩。

第三，一次偶然的机会我和朋友去海鲜市场，买完东西回来的时候，朋友惊奇地发现他自己腿脚全是泥，而我的很干净。以前我一到下雨天两条裤腿总是甩得两腿泥，后来通过1年多的行步练习，走路从抬脚后跟变成了平起平落，会用根节的力量了，所以不会甩泥。

第四，肩膀变为溜肩。这是沉肩坠肘后的改变，身体连通的部位力量也在慢慢增加，进一步发掘根节和后背的力量，与普通人搭手他们就会觉得力大浑厚，而自己觉得只是自然放松。

第五，气血饱满，肤色红润，以前手指比较干枯，现在都变得饱满柔软，实为气血充足之缘故。

第六，骨质变密，与人搭手，体质稍虚弱的人会硌得疼。

身体上的其他变化：

有段时间右手的虎口附近特别痒，怎么挠都不解痒，问了老师，他说要通劳宫穴，通开就好了，4 ~ 5 天后果然就好了。

有段时间下巴及周围的面部经常会发麻，吓得我去网上搜什么淋巴癌之类的症状，后来老师说麻则不通，慢慢通开就好了，大约 1 个月后就通开了。

有段时间当自己的心特别清净的时候，眉心会有旋涡往里钻的感觉。这个之前听老师说过，所以没纠结。

最近 1 个月头顶发胀，让人不自觉地以为是不是犯了高血压，是血往头上冲导致的，很紧张，问过老师后，他说在通百会穴，是正常的。

老师一直教导我筋骨的力量是有限度的，把心放大了，力量是无限的，触受是空的，练功会有各种感应，但是都不要去执着，要不断地去调节、松透、松空。世上什么是最强大的，答案是虚空，因为虚空可以包罗万象，大无才能大有。

开始我以为自己是在练拳，其实我们是在重新塑造一种人格。我很快乐，我的家人也很快乐，站桩结合练拳不但使我收获了健康的身体，还收获了刚柔并济的处事智慧。感恩老师！

站桩改变了我，也改变了生活

唐延华

在2014年11月份的一个偶然机会，我接触了形意拳，其独特的劲力深深吸引了我。有着很多年健身习惯的我，当即决定学这种传统武术。

学拳从站桩开始，第一次站桩的感觉很难忘，看似简单的姿势，我没太思考就站上了，结果养生的美好感觉一点儿也没有，浑身发热，腿发胀，肩酸脖子累，呼吸急促，浑身抖动，百爪挠心。当时觉得更年期的最高“境界”可能也就不过如此了。坚持了20多分钟，那酸胀的感觉至今记忆犹新。

练功夫肯定不是一朝一夕就能练成的，坚持最重要，在练功中起到了极其重要的作用。随着时间的增加，站桩时腿部和肩背部的不适也会明显减轻。记得有一次，当我站到20分钟左右时，特意地拔了一下背，听见肩胛骨和脊柱的位置传来了清脆的咔咔声，当时我被惊住了，没敢动（因为自己后背肩胛骨位置有一个软骨因为习惯不好，老习惯性错位，错位后胀疼感、压迫感难耐，严重影响睡眠和平时的工作与生活，频繁就医正骨，无法根治，痛苦不堪），过了几分钟我又试着拔了一下背，这次没声了，又站了一会儿收功，此次感受至今难忘。有了这次经验以后，我在站桩时更加注意放松和拔背了。半年以后我已经明显减少了就医次数。慢慢地站桩、练功融入了我的生活，坐卧行站常与松肩坠肘、含胸拔背、松腰裹胯、气沉丹田相联系，在不知不觉中身体也有了很大变化。身边的人总说，你是长高了还是穿内增高了，此时我心里美美的，看来这是拔背起作用了，要是小时候就开始站桩说不定还能长高 5 厘米呢。

干体力活或做剧烈运动时原来那种大喘气或接不上气的现象也好了很多，之前锻炼时，时常力量还没有用完就气喘吁吁了，很不给力，现在即使是筋疲力尽了，喘气还是比较均匀的，这就是气沉丹田在起作用。

说到气沉丹田的作用可真不小。本人脾气比较急躁，有点风吹草动的烦心事，就爱气血上行，脸红脖子粗，心跳加速，浑身发抖。自从习惯性空胸实腹、气守丹田以后，我就有一种心放到肚子里的感觉，再有什么烦心事或突发事情时，感觉都很镇定，很少有那种很烦躁的感觉了，喘气也很均匀。

长时间松肩带来的感觉就是肩部空空的很轻松，力量从两臂自然就顺下来了，之前由于健身造成的肩老端架着的劳累感没有了，当胳膊用力的时候，肩也不容易酸了，背也拔得更直了。腰松了，感觉力量上下身就贯通了，像以前抬头挺胸翘臀的时候，感觉上半身的力量总会压在腰部，站立时间长了，或用力时会觉得腰部僵紧酸胀不舒服，松腰了以后，这种感觉就有了明显改善。就这样坚持下来，我整个人都变轻松了，感觉身体气血运行也好了很多。

以前可能是由于骑摩托车长期受凉导致血液循环不好的缘故，我的双腿迎面骨部位一到冬天就干痒难耐，吃刺激性食品、饮酒或受冻还会红肿破裂，整个冬天都不能愈合，一直困扰了我六七年，非常烦恼。站桩坚持了 1 年以后的一个早春，当我洗完澡后，突然发现两腿迎面骨位置皮肤不仅光滑，还有一些伤口愈合后留在皮肤上的小白疤。我才想起来冬天竟然没有犯，非常高兴，于是激动地叫来家人一起看，家人都很高兴，也很惊奇。

站桩给我带来的变化真的很多，惊喜也很多。站桩改变了我，也改变了生活。我相信这只是刚刚开始，我要把站桩变成一种习惯融入生活，让生活变得更美好。

合道同行

谢　志

我生于陕西汉中，现居于江西南昌。因自幼喜爱中国传统武术，10多岁时便模仿武侠片里的英雄们舞枪弄棒。20岁大学还未毕业的我就开始访师习武，期间接触的拳种无一正统，加之生性顽皮，习武非但没有修身养性，还练得一身浮躁。后得遇练习陈氏太极拳，顽劣习气方才有所收敛。因痴心武学文化，故我全身心地投入到传统武术传播和教学工作中，希望民族瑰宝能够一代代传承不息。然而在长期的教学工作中，我认识到内家拳不仅有完善的拳理拳法，还有更为深厚的民族文化值得去探寻。

早有所闻“太极、形意、八卦”为中国三大内家拳，更有“太极十年不出门，形意一年打死人”之说。因法缘指引，得识莫子（付洪波）师父，初见便感觉这位老师透露着一个传统内家拳高手应有的品格：博学、笃定、恬淡、慈悲、正气、内敛等，在老师身上处处可见。再一看老师的身手更让人目瞪口呆。以前我只在一些书籍和老辈拳师口中听闻过，若不是亲眼所见、亲身体会，那些功夫还以为是江湖杜撰的。师父融通儒、释、道三家文化，并将丹禅与拳学合二为一。师父非但拳技炉火纯青，更有传功布道、度化育人的大德情怀，这正是我所求也。因距离和教学工作的制约，向师父求教的生涯就流动在手机的一次次通信和一张张火车票上。

在莫子师父的教化和影响下，2018 年我决定以书院的形式传习内家拳术文化，其目的是希望让更多人明白“文以载道，武以养德”的深刻内涵。自此，“文武兼修、弘道养正”便成了我创办书院的基本宗旨。书院命名为“沔汉”，是因为我生于汉中勉县，汉中有“汉家发祥地”之说，勉县古称“沔水”，为汉江的源头。有饮水思源，水利万物而不争之意。书院提倡“传承有道，为学至上”，不单纯以学历、学位、考级等形式衡量国学深度；抵制心灵鸡汤、国学快餐、传统文化速成等方式传播国学文化。我希望这样的正能量继续绵延千年，滋养华夏沃土，使之成为全社会乃至全人类的福祉。

自学习和传播太极拳和形意拳以来，我一直充满着旺盛的精力和求知探索的欲望。自我感觉内家拳玄妙之极，恐穷一生难尽其妙，朝夕研习，回味无穷。曾经我以为自己只是传播的拳术，然而渐渐发现很多人通过练拳不但收获了健康还平衡了心态，体悟了人生大道。我才恍然明白拳术只是载体，核心是给人以步入大道、开启宇宙智慧的钥匙。

在跟随莫子师父的求学路上，师父传给我们的不仅是高深莫测的形意拳术，更是为学治学之道。自古圣贤大德之人皆明德至善，终身修正自我，言传身教，教化于人。当今社会科技进步、经济繁荣、文化交融，日新月异，是历史发展的又一个新高度，我们身在其中倍感幸运。但是在这个一切都追求快的时代里，许多问题也应运而生。焦虑、浮躁、虚荣、抑郁、激进、脆弱等负能量侵蚀着人们的身体和心灵。中国内家拳术是以中国古老易文化为载体，其中包含着儒、释、道三家文化精髓，在传统“武术、医学、哲学、美学、军事”等领域均有体现。

作为传承、传播中国武术的新时代年轻人，我应当继承和发扬好这一国粹文化，用自己的身体力行践行先辈留下来的宝贵财富，以拳术为载体，让更多的人收获健康体魄的同时，培养民族正气，弘扬社会正能量，让更多的人生活健康、家庭和睦、事业顺利、国泰民安。

国庆长假，因缘所聚，很荣幸作为莫子老师的弟子亲身与老师一起学习，只因自身天性愚钝，不能尽得其妙。但其中所见、所学、所感的一点肤浅认识愿与同道们分享，不到之处还望批评指正，多多提携。

法

“诚”字是习练内家拳的先决条件。用师父的话将就是发心要好、德行要高尚，否则无论多么用功练习也只是南辕北辙，竹篮打水一场空。6 天的闭关同修，我们经历了止语、观照、节食（辟谷）、禅修、静功、带脉养生等一系列课程。通过这些严谨科学的修炼，我们才可以修正身心，获得大自然的生命能量，让心力和身体重新得到唤醒。在这个过程中明悟天地宇宙幻化之理，身心得以超脱和升华。

戒

在特定的要求下，我们完善道德品行，提高自我约束能力。闭关期间我们手机关机、不开电视、不做任何娱乐活动，排除一切不利修行的因素，避开不必要的能量干扰。起初自己的内心都是痛苦的，因为现代化信息工具给了我们巨大的诱惑，沉迷其中不能自拔。然而这样的“放下”让我真正明白了修真的艰难不是方法的痛苦，而是面对巨大诱惑要懂得回头。这不禁让我想起憨山大师的一句话，“荆棘丛中下足易，明月帘下转身难”，修禅之路断去妄念，心里清清明明、空空洞洞就已经够难了，其实还有更高境界。止语、观照让我清楚地看到自己每一个念头的产生，这一刻善与恶并存，并且相互博弈。唯有正念一生，诸恶皆消，只留一股浩然正气长存。让我恍惚明白了所谓“一念成佛、一念成魔”，以及邪不压正。

戒掉了一切繁杂声音的干扰，让我听到了自然的虫鸣鸟叫，星辰、日月、宇宙的万象交迭。于是乎，可以聆听到夜的静谧、日的温暖、自然能量的起伏、血液心脏的脉动，渐入佳境，乐不辞疲。

戒掉了五谷，我就努力吮吸自然宇宙给予的馈赠，每一次吐纳都心怀感恩。这让我更加敬畏每一个生灵，尊重生命，感恩自然空气、水、阳光雨露滋养万物。

戒掉了污言秽语、抱怨、愤怒、嫉妒，心灵回归到纯净，才知一切祸端皆由我起。吾日当三省吾身，修正从停止妄断和欣然接纳开始。

定

“知止而后有定，定而后能静，静而后能安，安而后能虑，虑而后能得。物有本末，事有终始，知所先后，则近道矣。”几天的同修中，“定”是修炼的大功课。无论是桩功、禅坐，还是静坐都贯穿着定的修炼，而后才生万物。在禅定中，每一次气脉的感应，每一股能量的袭来都在毫无惊扰中进行着，让人感受到通体透亮，心旷神怡。行功中师父常劝诫：“全身放松，把心深深地沉静下来，本来无一物，何处惹尘埃。心如镜子一般的明净，没有一丝灰尘……”于是乎，渐渐万般皆寂，沉静如水，没有一丝涟漪，空空如也！在无的状态下，一切烦恼烟消云散，思维意识异常清晰。收功的那一刻，我之前功夫上想不通的问题似乎迎刃而解；之前尘世中剪不断，理还乱的事情也明朗起来。

“不取于相，如如不动。”心与本体融合，唯在一心，安住于本体，所有的状态，所有的静态与动态都融摄在无为的空性中。我恍然明白形意拳心之发动曰意，意之所向为拳，试想内家拳应是此理吧！

慧

本次闭关一切皆在“无”中进行着，无声无色、无形无相、无贪无念、无法无界，而后培养智慧。在这万般皆“无”中，一切“有”都悄然存在着，可谓“大音希声，大象无形”。师父实乃妙法，让弟子证悟身心，明心见性。

每一日，青砖白墙、苍松白石、晴日碧空、静谧星辰都相伴在我们左右。无论是日月同辉，还是青虫蠕动，都在抬头、低头间出现，如此美妙。同修师兄们习拳练功，穿梭在庭前山后，毫不惊扰鸦雀斗唱，好一番人与自然的和谐画卷！似乎只能借王羲之的《兰亭集序》:“仰观宇宙之大，俯察品类之盛，所以游目骋怀，足以极视听之娱，信可乐也。”可以表达当时的心境。“慧”可博古通今，亦可返璞归真。在道法自然，天人合一的智慧中无烦无恼，愉悦身心。

悟

“知者不言，言者不知”，道大无形、无言，却包罗万象，无所不及。“色不异空，空不异色，色即是空，空即是色”，空性与色法不二,二者相互存在。因此行功和修心也是缺一不可的，两者必须并驾齐驱，否则失去一面就会丢掉另一面。当我们觉得自己好像明白了什么，先不要急于表达，或许我们离迷惑又越来越近了。我们要在有和无之间辩证地看待问题，不断完善，到达成功的彼岸。相信只有臻于至善的治学态度才能让身心得到双修。

形意拳招式简单，却又并不简单；外形不重要，但也很重要。一招一式间身体强壮，内心平和，形意合一。愿诸兄同修，合道同行，开万世之太平。

离

短暂的离别，只为再一次美好的相聚。本以为大家几天未进食，最后一天一定是手脚发软，精神萎靡。然而事实恰恰相反，每个人精神十足，朝气蓬勃。就连我自己也感觉到身轻如燕，劲力通透，行拳走架从未有过如此顺达。闭关结束后的最后一碗小米粥是自己平生喝过最美味的汤食，感动食物滋养生命，感恩师父，感谢师兄、师姐们聚能凝气，同参共修，我们再会。

我的站桩经验

苗新明

我刚开始学站桩时，老师反复强调“松”“静”“中正”，后来一直跟随老师学习，可能是花的工夫不够，竟然是边学边忘，很多要领都记不太清了，唯独以下这最基础的 3 个要求一直记得，如今练习时也是时时照着体悟。

松

我是最先通过肩膀找到松的，继而抓住这个松意，将它一步步向全身蔓延。有一天，我突然觉得人体像一个容器，甚至特别像院子里浇花的软水管，人不放松时，就好比那水管发皱拧巴在一起，水流不畅。放松了以后，就好比把那水管捋顺不拧巴了，水流就顺畅了。后来我又觉得“松”像水管的这个比喻不恰当。随着层层的进入，我感到松是没有止境的。刚开始感觉肩膀的松是一种大块的、很粗的松意，而后到脊柱，再到四肢末梢，进而到五脏六腑，到毛发皮肤，越来越细微。这可比水管复杂多了，如果一定要拿水管比喻的话，那也得是千万条水管错综交织到一起。可一旦真的都松到了，这千万条水管也是井然有序，畅流不息，滋养着身心，使之日益体健神明。

静

静主要是针对心的练习。我觉得以松入手去练习静真的太有智慧了。因为相比较而言，松比静好找到。当我将松意由外而内扩散到心时（实际上，刚开始我找不到“心”。我就先找到了我的心脏，把松意引了过来，让心脏放松下来），心一放松很快就会沉静下来。这时我又会冒出一个比喻。我觉得心很像一杯水或者一潭湖水。心逐步放松沉静下来以后，它会静止不动。维持在这个静止不动的状态下，水杯或水潭里的杂质会一点点地沉淀下去，沉淀得越多，水就会变得越清澈，清澈到晶莹剔透犹如一块无瑕的宝镜，可照万事万物，却不会为之所染。来则应之，毕则止之。我偶尔能这样静时会感受到前辈所说“终日食米，却未食一粒”，即便终日碌碌，却没有一丝疲倦。

中正

我又想用开头那个水管的比喻来形容我对中正的感觉。如果说松是把水管捋顺的话，那中正就是把水管“放正拉直”。平时我们的身体因为处在各种状态中，或倚或靠，或曲或折，就好比那水管弯折了一样，水流就不会那么顺畅，甚至严重时还有可能直接堵住。而处在站桩的中正状态下就是把这个水管放正了、拉直了，水流自然就顺畅无阻，所谓流水不腐，通则不痛，身心自然受到滋养。此外，中正还有一个妙处，就是能找到一种归零的感觉。我有时站桩能找到那个零点，让前后左右，四面八方的力互相抵消，完全不着力。这种状态进入松、静状态会更深，甚至也会感应到中华文明信息的接应。然而这些妙处只是偶尔有之，终难把握得住。但这让我有了极大的信心，知道一切都是真实不虚。

曾听师兄说过一句话，“一旦你觉得当时练对了，有可能以后又发现是错的”。我一直不敢把自己的练功体悟记录为文字，因为我的确发现，刚想为自己的一点心得沾沾自喜，没几天就发现好像是错的。这点粗浅的感受主要是自己个人的总结。可如果真的有同修碰巧看到后会有一丝丝启发，那于我真的是三生有幸！

习练站桩及形意拳的体会

李杰

从3月8日我初次接触学习站桩和形意拳，到现在共8个多月的时间，浅谈一下这段时间的身体变化和体会。

在学功之前，我一直通过“跑步加节食”的方法减肥，因为之前的体重过于肥胖。减肥之前，我的体质是非常差的，每年都会患重感冒发高热，甘油三酯也严重超标，且有中度脂肪肝，连爬个楼梯都费劲，更不用说跟人对抗了，想都不敢想。

因为工作的原因，我每天接触的都是各大医院心血管方面的专家，了解到肥胖是百病之源。因它有可能带来血压、血脂、血糖的异常，而这些异常又有可能给人体的器官带来严重的损害。前车之鉴太多，我决定不能等到各种疾病来找我时后悔，要主动去获得一个健康的身体，所以第一步计划就是——减肥！

用了3个月时间，我的体重从81公斤减到了72.5公斤，方法就是晚上不吃饭出去跑步，每次跑6公里，每周4次。效果很明显，但过程也很痛苦，每次出去跑步都要经过激烈的思想斗争，咬着牙出门，跑完全身衣服都能湿透，再冒着寒风回家。因为晚上不吃东西，到10点左右就饿得头晕眼花，浑身无力，每到这个时候，我就赶紧上床睡觉，生怕自己忍受不了再吃东西，那么一晚上的 6 公里也就可能白跑了。到 2 月初，坚持的第 3 个月，我的体重减到 72.5 公斤，但这之后就好像到了一个瓶颈期，体重很难再往下减。

从 3 月 8 号开始学拳到现在共 8 个月的时间，我每天正常吃饭，甚至经常吃些高能食物，也没再去跑步，但奇怪的是，体重不但没增加，反而降到了现在的 67.5 公斤。说来觉得很神奇，有的人可能会问，形意拳还有减肥功能？其实，只是内家拳的训练体系把身体机能调节到了最佳状态而已，胖子可能会减体重，瘦子有可能会增肥。我们一起学拳的有个曹师兄，以前很瘦，习拳后体重增重了将近 5 公斤。

体重只是身体表象的变化，可以直观地看到，而内在的变化却是不容易被看到的。不过内在的变化最终也会通过表象的变化体现出来的，那就是通过反复地锤炼自己的身体，实现由形变到神变，到那时，整个人的精神状态就会发生很大变化，人的气质会得到升华。这也是为什么以前很多形意拳的老前辈虽然都是农民，但是都有文人气质。我现在还没到达那一步，所以还要继续努力。

不过对于站桩，我通过 8 个月的学习还是有点小小的体会，希望能帮助到刚刚接触内家拳的朋友。

没练过的同学可能会觉得，站桩有什么难的，不就是摆个姿势站在那不动吗？还有的人觉得，站桩不是应该在地上打上几个木桩，站在上面练功吗？

说实话，没练过之前我也是这么认为的，觉得平时也都是站着的时间多，有什么难的。但是按照桩姿摆好之后，真的站在那里才发现，根本不是你想象中的那么简单。

桩功有很多种，甚至同一种桩功也有高桩、低桩之分。中国传统功夫里每个拳种几乎都有其特有的桩功，而且都作为入门的基本功，对徒弟要求都是相当严格的。老一辈有种说法叫“入门先站三年桩”，可见桩功的重要性。

我们这一支入门的桩法叫太乙桩，是对身体消耗相对较小的一种桩法，以滋养身体为主。因为现代人的身体素质普遍较弱，太乙桩以混元桩入手，可以通过慢慢调理气血，使身体内壮，也可以初步使习练者间架结构得到稳定，为以后学习高级别功法打下良好基础。否则，以现在人的身体素质，一开始就接触高级别功法，不但练不出来，反而可能会掏空你的身体，使体质变得更差。

我就属于体质很差的那种，前面说了，没减肥之前爬楼梯都费劲。刚开始站太乙桩的时候，我连10分钟都站不了，只站一会双腿就火辣辣地疼，膝盖也疼，然后双腿开始剧烈地抖动，身体会出现不受控制的上下跳动，而且幅度很大。经过师兄们的讲解，结合后面的经验，我才明白，这些现象是因为之前没有受过内家拳这种模式的锻炼，腿上筋骨不强健，完全是靠大腿、小腿肌肉的力量去支撑，而肌肉支撑的时间是很短的，一旦无氧呼吸，就会产生大量乳酸，肌肉开始酸痛，出现支撑不住的现象。站桩的目的就是让肌肉去放松，转为用筋骨去支撑。筋骨也就是我们常说的“大筋”，其实质是连接肌肉与骨骼的结缔组织，我们站桩锻炼的就是那一部分。

还有一点体会就是当站桩站到一定程度时，双臂、双肩、双手、双腿都会出现不同程度的酸、麻、胀的感觉。当出现这些症状时，尽量不要去活动胳膊和腿。我的体会是，如果活动了，当时是舒服了，可是过不了多长时间，相同的部位还会出现那些症状。如果出现那些症状的时候，不去管它，让气血自己去冲开，只要你过了那个难受的阶段，这些症状就会消失。这时，你的内心就会安静下去，达到一种入定的状态，慢慢享受身体微微抖动的过程，感受气血流遍全身，有时会感觉到一股暖流在周身游走。到了这个状态，时间对于你就不是问题了，你可以站到40分钟、50分钟甚至1个小时。

对于站桩，我们不能急功近利，不要盲目地追求站的时间，在你身体不够强健的时候，站的时间越长，可能对你身体的消耗就越大，甚至会超过你能承受的范围，从而适得其反，进而身体姿势变形引发各种劳损，这样就违背我们初始的目的了。

最后一句话，做任何学问都没有捷径。武学更是博大精深，习武的过程虽是在不断打磨我们的身体，但最终是在锤炼我们的内心。当我们觉得痛苦、迷茫想要放弃的时候，要经常想一想当初我们习武的目的是什么，不忘初心方得始终。

内运外动　锻炼身心

王新宇

小时候我就是个武侠迷，不仅看遍了金庸、梁羽生和古龙的武侠小说，也订阅了很多武林杂志来看。其中听说过站桩，也看到过诸如马步站桩、梅花桩等功夫的图片和文章。而第一次亲身接触站桩，则是在今年 3 月初，当我第一次来到莫子老师北京安定门坛的锻炼场地时。

过初关

老师帮助调好姿势后，我发现自己根本站不住。站了没几分钟我就开始出现各种症状：脖子酸了、背部僵硬了、脚底麻了、胳膊疼了……三四十分钟的站桩对于我来说就像度过了一个世纪，这个比喻毫不夸张。在接下来的日子里，我开始动用心机，尝试各种各样的“方法”与站桩来“搭配”，以助自己“过关”。例如，边站边听音乐、听小说连播、听讲座，总之就是边站边听一些杂七杂八的东西；再后来就是边站边看，如看电视节目、看电影等；还有更可笑的是我曾经尝试过边站边给猫咪刷毛，随着猫在桌子上走来走去，我脚底不得不跟上它的步伐，结果好好的站桩被我变成了“移桩”；等等。经过各种各样的尝试和失败，再通过老师的指点以及与其他师兄、师姐们的学习探讨，我慢慢地明白了，站桩其实是一个独立守神的过程，即通过站桩培养人安静地与自身本神共处，体认身体内外细微的变化与改善。

静为根本

不由自主地，我不再在站桩的时候听广播、看电视，或者做其他分心分神的事情了，站桩就是站桩，就是一个不断关注自己的过程：我从刚开始只能安安静静地站上几分钟，到现在可以平心静气地站上 2 个小时，从最初的“煎熬”到现在的享受，从麻木无觉到慢慢体会脏腑的变化和气的运行，从一开始把站桩当成任务到现在把站桩当成生活中不可或缺的一部分。这个过程是缓慢的，不知不觉地发生、发展和变化着的。这个过程不是一帆风顺的，因为杂念是站桩时一个最大的干扰项。虽然身体的感觉，如酸、麻、胀、痛等会对站桩的时长有阻碍，但是随着身体逐渐学会放松，这些阻碍会越来越少，或者越来越轻，然而杂念则是自始至终不离不弃、相伴左右。往往这个时候，一股股杂念的升腾最容易搅扰心绪，如同在湖面投石，泛起一圈圈涟漪，最后扩散至全身，我们就很难再继续站下去了。

虚其心

对于上述种种，我的体认就是 4 个字：近道若远。当一个人感觉自己越来越接近“悟”的层面时，往往这个时候自己离这个层面还有很大的距离。我想也许只有已经达到了这一层面的人，如像莫子老师那样的人才能真正知晓这其中的滋味吧。我现在肯定是无法体会到的，因为我还差得太远。不过即便如此，到目前为止对于站桩我也有了一些自己粗浅的认识和感受，因为毕竟自己已经慢慢从中受益了。站桩的好处确实很多，如放松肌肉、调整脊柱、增长气力、督促排病、控制体重，等等，不过今天我想特别分享一下站桩对于五藏六腑气血循环的作用（注意这里面“藏”只能是“藏”，或者是带一个肉月偏旁的“臟”，而不能是“脏”）。

内运外动

在大众健身热的今天，很多人是健身房的常客，甚至被称为“健身达人”。那么，健身房的运动和站桩有何区别呢？其本质的区别就在于站桩实则是以臟腑的“运”代替了肢体的“动”。这一点尤其重要。人的身体是“身”和“体”的组成。身是我们的躯干，也就是包裹着五脏六腑的那个部分；体就是四肢，所谓四体不勤，五谷不分其实指的就是人的四肢，而非躯干。四肢残缺了，人还可以继续存活，但是如果躯干内的臟腑坏了，人就没命了。就算现代医学再发达，人现在可以通过手术更换器官，但是别忘了，真正的长寿不仅指的是生活的时长，更是指生活的质量。那种如昙花一现般绚烂、短暂的生命固然美丽，还有那些常年卧病在床、靠打针吃药维系的生活固然长久，但这些都不是我们最终的追求。我们追求的是既健康又长寿，即所谓和平寿考。

举个现实的例子。我单位的一位美国女老板，今年50来岁，曾经在美国军队服役多年，全身上下一副不折不扣的美国军人做派。到了我们这种整天坐办公室的环境里，动惯了的她也闲不下来，每天中午的休息时间就成了她冲入健身房、跑步撸铁的健身时光。其实确切地说应该是“健体时光”才对。因为跑步撸铁实则是把臟腑里本已不足的气血硬生生地逼到四肢末梢，看似活动以后整个人红光满面，实际上是臟腑更加缺少气血荣养的表现。长久下去必出大事。我就这样想着，然后默默关注着这位看似“生机勃勃”的老板。果不其然，某一天中午，我正在办公室值班，这位老板被人抬着送回了办公室。原因就是她中午去跑步时大腿肌肉出现了严重拉伤。当时她左边大腿内侧肌肉已经开始酸痛，其实这是身体给她发出的一个警报和求救信号，如果这个时候她立刻停止运动转而休息，就会避免伤痛。可惜她非但没有停下来，反而错误地认为大腿酸痛是因为自己太缺乏运动的缘故。于是她不但没有停止，反而加大了跑步的速度，结果也可想而知：左大腿内侧肌肉和筋膜深层拉伤。

在她受伤后的一次聊天中，她问我平时有什么运动。我告诉她，我曾经和她一样，也是健身房的常客，每天下班上个跑步机来个 5 公里、10 公里也是常事。她听了竖起大拇指。我转而又对她说，可是我现在不去健身房了，取而代之的是每日的站桩，并给她分析了健身房的很多误区，以及站桩给我带来的好处和改变。她听了眯缝起眼睛若有所思道：也许站桩适合像我这样喜静的人，而她是个爱热闹、一刻不得闲的人，不跑步、不去健身她就忍受不了了。听她所言我也就只有“呵呵”了。所谓各随其欲，皆得所愿吧。只要她自己喜欢就好。相比之下作为一名中国人，守着老祖宗留下来的几千年的文化传统，锻炼身心，培养一身正气，真乃吾辈莫大之福分也！

我为何学习太乙桩

刘海东

在有的人眼里，学拳就是和打打杀杀差不多。但我要学的是站桩，是安安静静地站着，不是拳打脚踢。你或许会问，站桩可以强身健体吗？强身健体啊。这么一说，就更不理解了。要健身，为何不去健身房呢？为何不跑步呢？一动不动地站着，也能强身健体吗？

有人说，世界上最远的距离，是两个人面对面，却没法沟通。我就经常遇到这种情况，以前是跟别人谈中医的时候，现在是跟别人谈站桩的时候。以前，我会试图沟通，让别人理解或者接受我的想法。现在我会选择默不作声。

为什么？

每个人都有自己的认知，有自己对世界的理解。这种认知和理解不是一朝一夕形成的，也难以一朝一夕改变。

大千世界，芸芸众生，每个人选择了什么样的观念，每个人得到了什么样的认知，里面都有机缘，有因果。

人又是很固执的，往往很难改变自己的已知。佛经也说，如来劝诫众生时，众生“或有利根，闻即信受；或有善果，勤劝成就；或有暗钝，久化方归；或有业重，不生敬仰。如是等辈众生，各各差别”。如来佛都如此，何况我等凡夫俗子。

所以，有些话机缘不到，说了也是白说。

说着说着跑题了。我还是接着说说，我为什么要学习站桩。确切地说，是为了强身健体。

自然界的规律是四季更替，由盛而衰。佛教讲成住坏空，人的身体也不例外，同样要遵循这个规律。《黄帝内经》指出，男人八岁为一个阶段，女人七岁为一个阶段。男人到了四八，32岁的时候，身体开始由盛转衰；女人到了四七，28岁的时候，身体开始由盛转衰。

当身体由盛转衰的时候，五脏的精华就开始损耗大于储存。如果能做到少损耗、多储存，人的身体就可以长期保持一个比较好的状态，既健康又长寿。如果过度损耗，早早地油尽灯枯，那就别想长寿了。

所以《黄帝内经》说，人到了40以后，要少跑多站，50以后，要少站多坐。这就是让人省着用啊。

可这么简单的道理，很多人却不知道。你看看，现在流行什么健身方式？如跑马拉松、跑半马、跑10公里等。这种运动对身体的消耗极大，是在燃烧生命。

我有个朋友，是位40出头的女士。她喜欢跑步，每天跑10公里，晚睡早起，睡眠时间不到5个小时。我给她把过一次脉，她的脉让我大吃一惊。她的左尺脉，就是肾阴的脉，要按到底才能试到脉，这说明她的身体已经严重亏空，未来几年身体堪忧。

我另外一个朋友，是一位40出头的男士，年轻的时候练过摔跤，身体底子很好，体格魁梧，精力充沛，事业成功。他也是每天都要跑 5 公里以上，还有器械训练。因为工作也很忙，每天睡觉很少，只有 5 个小时的睡眠。我给他把脉，发现他的脉很旺盛，可是脉的底部已经空了，呈现一个往上“越”的势。这就是一个阴亏阳亢的脉。他的生活方式消耗太大，补充不足，所以深层的阴已经亏空了。因为阳亢盛，所以他自己觉得精力旺盛。打个比方，他这种情况就像把定期存款提出来放到钱包里，看起来钱包里很有钱，可家底已经不足了。如果他不改变生活方式的话，阴亏阳亢继续发展，就可能引起脑溢血等突发疾病。

我这些年，在学习中医方面下过一些工夫，虽然学得不好，也有些心得。心得之一就是对健康有了新的认识。那么，什么是健康呢？健康就是肌肉发达，孔武有力吗？绝不是。我眼中健康的标准是：阴阳调和，五脏充实，经络通畅，精气神不亏。

很多看起来“健康”的人，都达不到这个标准。

上面的这两个例子自不必说。我经常给人把脉，可以说，我把过脉的人，符合这个健康标准的，100 个里面才能有一两个。

其原因有二：一方面，很多人对人体盛衰的自然规律缺乏认识，不注意健身养生，就像一辆车，光使用，不保养；另一方面，是健身养生不得法，就像保养车，保养的方式不对。

你或许会说我们这个年龄的人，不适合剧烈运动，那么用比较温和的方式锻炼身体，如打打球、走走路，或者慢跑，用这样的方式健身应该是不错的选择吧。

这些运动方式是不错的选择，但站桩是更好的选择。因为站桩兼具了养生和治病两个功能。

人要维持正常的生理机能，需要有足够的能量，用中医的话来说，是需要有足够的气血。

治病，也是靠人自身的能量。很多人认为是药物治病，其实这个看法是错的。

人在进化过程中，身体具有了精妙的结构，也有精巧的防御和消除疾病的机能。我们的皮肤磕破了会自己长好；感冒了不用吃药往往也会自己恢复；我们吃得不舒服，有时候拉一次肚子就好了；喝酒喝多了一下吐出来，就会好受很多。所有这些都是身体自己在治愈疾病。

我们平时生病了吃药，药物的功效要在人体自身能量的帮助下，才能发挥作用。如果人的能量已经严重虚衰，那么再好的药物也无济于事。

因此，人要保持健康，或者要治愈疾病，自身的能量至关重要。能量不足的人，其身体机能就会下降，身体也容易生病，生了病也不容易好。

如何能给自身的能量做加法呢？站桩就是一个好办法。你可能会说，吃饭不就能补充能量吗？吃高营养的不就给能量做加法了吗？站桩就是那么干巴巴地站着，怎么会增加能量呢？

当然，只站桩不吃饭是不能增加能量的，除非是神仙。能量的来源主要还是我们日常的饮食。不过，食物变成能量的过程是一个长长的链条，需要人体进行一系列精细的工作。食物经脾胃消化吸收后，变成营养物质，并在体内继续转化，有的变成了身体的气，有的变成血，有的变成精微物质，进入五脏储存起来。这期间，营养物质要经过很多脏器的旅行，其中有任何一个环节出了问题，都会造成这个链条的中断。

站桩的妙处就是启动身体的自我修复功能，形成身体能量增加的正循环。具体来说，站桩可以让身体自我修复的能力苏醒，让它把身体能量转化链条中的bug（缺陷）一点点修复，提高身体能量转化的效率，从而给身体的能量做加法。身体能量增加了，身体自我修复的能力就更强了，会继续修复消耗能量更大的bug。随着身体的bug逐渐被修复，身体会进入良性循环，毛病越来越少，能量越来越大，五脏的储蓄逐渐充实，身体的淤滞逐渐疏通，潜伏的外邪逐渐排出，身体状况就会越来越好，逐渐达到上面提到的健康标准。这就是站桩兼具养生和治病双重功效的原因。

还有一个问题，就是为什么站桩能够启动身体的自我修复功能呢？我们走路不行吗？健身不行吗？这个问题很有弄清楚的必要。

中医认为，我们身体里有精、气、神“三宝”。其中，神是最高统帅，精是物质基础，气是干活的。我们身体的各项机能，是由气来运转工作的，气的统帅是神。不过，这个最高统帅，平时总是被我们征用。上班的时候，我们脑子里装了一大堆工作，劳心又劳神；下班了，不是喝酒、打牌，就是追剧、上网，要么就是国家大事、股票行情、东家长西家短，脑子何曾有一刻空闲？所以，神总是要被分出一部分来，不能全心全意地管理身体。

站桩有个要领，就是站着不想、不动，要放松，不仅身体放松，大脑也放松。在这个状态下，身体的统帅——神，处于自由的状态，终于可以自主地做点事了。

统帅是指挥官，要干事，就要靠“气”这支军队。站桩的时候，人是放松的。这个状态对“气”的使用是很少的（如果你对“气”这个词难以接受的话，不妨把它理解成“能量”）。既然有很多“气”这个时候没有使用，这就意味着“神”手下有人干活了。

站桩的时候，就是神指挥着气干活的时候。神很聪明，有多大实力干多大的活。它会从最容易做的开始做起，即做它认为目前身体急需解决的问题。于是，自我修复的良性循环就开始了，人体能量的加法也就开始了。

站桩的人，反应各不相同。但其共同点就是，经过几年的站桩，身上的问题一点一点变好了，身体变得轻快了，动作变得敏捷了，精力变得充沛了，脸色红润了，皮肤也细致了。这就是站桩的效果。

你或许还有个疑问：既然站桩的时候人是放松的，那么我们坐在沙发上，或者躺着床上，什么也不干，是不是也是放松的呢？是不是也会开启自我修复呢？

要回答这个问题，就不得不说一下站桩的几个动作要领了。

太乙桩，要求微微下蹲，身体中正，虚灵顶劲，脖子领起，尾闾上卷，身体放松。当我们做出这个动作后，正好身体的姿势像一个衣服架，感觉像把身体挂起来了。这时，腹腔充开了，腹腔里的器官没有任何外界的挤压，可以轻松舒展。后背也处于舒展的状态，后背的肌肉都松开了，脊柱上下拉开。

在这个状态下，肠胃蠕动有了充足的空间，脊柱也被释放，可以自我纠正。因为充分放松，身体没有受到挤压，不仅气血得到释放，而且更重要的是经脉的通道没有受到挤压，可以让更多的气血通行。站桩时，人体会明显地感到肠胃蠕动得很欢快，后背发热，时间长一些，还会微微汗出，这些都是经脉通畅、气血活跃的表现。这样的效果是坐沙发和躺床上的放松所不能比拟的。

其实，我早就知道站桩的好处，自己以前看书和看视频学习浑圆桩，也站了2年，可是没有什么效果。我通过正式地学习太乙桩后，才明白原来是自己以前的姿势不对。站桩的姿势要领很多，自己按照书上的来做，有些要领做得不到位，自己也不知道。

啰啰唆唆说了这么多，回头看看，大部分都是废话。对于站桩的好处归结一点就是，长期练习站桩，可以筋骨强健，增长内力。诸般好处一言难尽。因为自己初学乍练，尚没有体会到那么多的奥妙，所以就说这些。

站忘论

赵永飞

佛陀说：生命只在呼吸间。

华夏文明绵延不断5000年，儒释道本于一宗，心法耳。华夏正宗，尧舜之道“人心惟危，道心惟微，惟精惟一、允执厥中”。“持中精一”之道油然而生，千古流传。

儒家作《中庸》，阐述“持中精一”之道，讲“诚”，实乃“中和之气”“天命之谓性，率性之谓道，修道之谓教”，“性”乃命之生生不息之枢机，乃生之关键，乃命之源头。命就在我们的“性”里面，“性”就在我们的命里面。修性才能持“命”，“命”不在外而在内。儒家讲“反求诸己”，求内而不求外。

“道也者，不可须臾离也，可离非道也”，生成天地之道与人之内生之道，相合为一。大到天地万物，人类文明，小到我们渺小之个体及我们身体中的这个滋养身体成长的小系统，都丝毫跳不出这个“道”的运行规律，都丝毫离不开这个“道”哪怕一瞬间，能离开的就不是这个生成万物、造化生命的“道”了。

“是故君子戒慎乎其所不睹，恐惧乎其所不闻。莫见乎隐，莫显乎微。故君子慎其独也。”落在我们身体上的这个“道”，这个虽小但是非常缜密的生命系统，正如一滴水，犹如一片海，本质的结构是相通的。每个人的生命就如一滴水，一个一个，一滴一滴，汇聚成大海。这个“道”落在我们个体的身上，就如大海里那造化的一滴水。大海是茫茫无际的，是浩瀚无边的。但这一滴水是有生命限度的。正如我们的生命，作为一个社会整体，我们是渺小微小，甚至微不足道的，但是对个体而言，生命只有一次。正如《坐忘论》的作者司马承祯所言：“夫人之所贵者，生也。”“莫见乎隐，莫显乎微。”“慎独”的功夫就是“至诚”的功夫，就是“中”的功夫，就是“中和之气”的功夫，就是坦坦荡荡，“惟精惟一”“明明德”和追求“至善”的功夫。

“喜怒哀乐之未发，谓之中；发而皆中节，谓之和。中也者，天下之大本也；和也者，天下之达道也。致中和，天地位焉，万物育焉。”“中和”，天地就在那生成，万物就在那发育。“中和”对一个国家而言就是国泰民安，风调雨顺，人民安居乐业；“中和”对我们个体生命而言就是“喜怒哀乐中节的适当发出”，这是一股中和的“气”。

“气”的概念和理论在儒家和道家的著述和文脉里面甚为关键，“气”论是通往儒释道的明径。黄元吉在其“道德经讲义”中提到，“若皆自然天然本来事物，处圣不增，处凡不减，即等而下之，鸟兽草木之微，亦莫不与圣人同此一气，同此一理。试观汪洋大海，水至难测者也。然而一海所涵，水也，一勺所容，亦无非水，鼋鼍蛟龙所受以生者此水，而鱼鳖虾蟹所赖以养育者亦无非此水”。“太虚之气亦犹海水一般。天、地、圣、贤、人、物，虽纷纭错杂，万有不齐，而其受气成形之初，同此一气，同此一理，除此之外，别无生气，亦别无生理。”

又云：“夫人心道心之别，实发明于《尚书》，由尧舜汤武周孔以来，圣圣相传，无一不言道者，是道之为道，必有精微奥妙，不可以言语迹象求之者也。昔程子言《大学》为如德之门，《中庸》乃传授心法，而此二书功用，皆归本于定静之初，修持于隐微之内，盖亦可以知其要矣。”

求静之法，莫若静坐与站桩立禅之门。跟随莫子老师学习站桩立禅之功，约近有 3 年也。方知，理气唯一，理发唯一。格物致知，明心见性，持中精一，乃需一生之孜孜不倦追求之。静坐之法，本人习之甚少，平日里，多日站桩立禅修为之。以下是论之：

站桩立禅之法门，朔古而今，传承连绵不绝。《黄帝内经·素问》上古天真论篇结尾述之“余闻上古有真人者，提挈天地，把握阴阳，呼吸精气，独立守神，肌肉若一，故能寿敝天地，无有终时，此其道生”，站桩立禅之炼精化气，炼气化神之要义，开诚布公之。

站桩立禅是一个锻炼呼吸的过程，是一个养气的过程，是一个活血的过程，是一个化瘀的过程，是一个易骨、易筋、洗髓的过程。在内，是一个修心的过程，是一个慎独的过程，是一个内求的过程，是一个“精养灵根气养神，养功养道见天真”的过程。

《易》曰一阴一阳之谓道，是阳非道也，阴亦非道也，其在阴阳之间乎？！一呼一吸，乃一阴一阳，乃道也。生命只在呼吸间。养得十分气，便得十分宝顺气下行，贯入丹田，可补先后天之不足，羸弱之躯变成骨厚筋灵之体也。形意拳专一养气为主，劈崩钻炮横，即金木水火土，即肺肝肾心脾，外分五式，实内贯五脏，专气致柔，纯任自然，天然卫生之妙用也。

“谷神不死，是谓玄牝。玄牝之门，是谓天地根。绵绵若存，用之不勤”，站桩立禅实修呼吸的好方法。无他，专气致柔，纯任自然尔。黄元吉讲“谷神不死。何以为谷神？山穴曰谷，言其虚也；变动不拘曰神，言其灵也。不死，即惺惺不昧之谓也。人能养此虚灵不昧之体，以为丹头，则修为自易”“要得谷神长不死，须从玄牝立根基。天玄地牝，天地合而玄牝出，玄牝出而阖辟成，其间一上一下，一往一来，旋循于虚无窑子，即玄牝之门也”。人欲成此健康长寿之道，舍此玄牝之门，别无他径也，非天地之根而何？站桩立禅，其中真意乃大。“垂帘观照，混沌无知时，死凡心也。忽焉一觉而动，生道心也，所谓静则为元神，动则为真意。其中胎息一动，必于不内不外之间，观其升降往来，悠扬活泼，即得真胎息矣。”

生命只在呼吸间。唯此一呼一吸，一出一入间，中含妙谛，即虚灵也。天地之根，难道在外吗？“要之，谷神者，太极之理；玄牝者，阴阳之气。”唯借吾身中空洞之玄牝，养虚灵之谷神，不即不离，勿忘勿助，斯得之也。故曰：绵绵若存，用之不勤。

伴随站桩立禅过程而来的就是功夫，当我们经过长时间站桩立禅之过程，必然肾精饱满，骨厚筋灵，内家功夫自来。一阴一阳之谓道，一静一动是功夫。静功练好，开拳即时动功。内外相合，上下相随，以意领气，一动无有不动，走架行功必在“周身一家”上用功夫。欲想周身一家，须知内外三合，内练神气，外练肢体，内外兼收方为合法。

外三合者，手与足合，肘与膝合，肩与胯合。其运用乃以腰为主。上与两肩两膊相系，下与两胯两腿相随，上、中、下三节即相连应。日久功深，则周身自然上下相随，中正不偏。

内三合者，神与意合，意与气合，气与力合。以神导意，以意导气，气至力生。神似帅，意似将，气似兵，神意为气之领导，气是力之生母。内外三合，实为里表，一主一副，不能偏废。

文武之道，一张一弛。周敦颐的《太极图说》，乃文武之道，理气之道，阴阳之道。有人讲“宋门之学，入门皆禅”。《太极图书》，开篇乃讲“无极而太极”。朱熹的注曰：“上天之载，无声无臭，而实造化之枢机，品汇之根柢也，故曰：‘无极而太极’，非太极之外，复有无极也。”王宗岳在其《太极拳论》中讲：“太极者，无极而生，动静之机，阴阳之母也。动之则分，静之则合。”文和武的叙述实乃一也。其实都是一个发端，一个源头。其实都是先圣对“中”概念的发展和完善。中和之气，一气流行，而众理俱，而虚灵不昧。

何以实修？站桩即为立禅实修之。

打破自我的执见

王岱宗

从我个人的经验来说，我以前觉得自己的中气不足，经常会觉得说话说多了，气跟不上。或许大家会有和我相同的感受，或是在老师长时间讲话，课后气跟不上来时，就觉得累，而经常用嗓子讲话。

对于这种情况，练习站桩就会特别有帮助。也不要很久，只需练几个月你就可以有气感了。你在那里一站，立刻就会感觉全身像是笼罩着一层气，实际上这是你的意识和感知触及了你的毛细血管的结果。

一般人对身体的感知是比较差的。练站桩也好，练禅修也好，其实最终练的就是你能达到的身体的感知状态。例如，我之前站桩，老师在调节姿势时会说“坐胯、含胸拔背、松肩”，这几个动作听起来简单，实际特别难练，我站了快 1 年了，肩都没有松下来，因为对身体的感受不强，不知道怎么“坐胯”、后背怎么突出，有些部位就是不灵活或者没有感知。在慢慢练功的过程中，我的身体会慢慢灵活，也有了气感。

“气感”就是我们对全身的感知，也就是我们意识的集中，跟禅修一样，就是看能不能专注。

很多时候我们心中杂念太多，如我们在站桩、打坐的时候经常会有各种念头，这是因为不够专注。所以禅修就是要专注，专注在你的身体上，专注在你的心上。如果能够在意识上同时感知身体，我们就能得到很好的“气感”。这就是我从站桩、练形意中身体确确实实发生的变化。各方面精力状态都变得越来越好。

另外，我再谈一谈“形”与“意”。“形意”这两个字还是很奇妙的。“形”，其实代表的是物质；“意”，代表的是精神。

我之前也学过很长时间的中国文化和一些西方哲学。人对世界的认识就是人类文化的演进过程，是不断对世界的认识和对自身的认识。

我们对世界的认识是什么？其实就是我们的感受。我们对世界的认知又在不断地改变着我们过去错误的认知。

我们 80% 的信息来自视觉。视觉接受的只是一个可见光。可见光在所有的光谱里其实很少，只占百分之零点几。由此可知，我们对外界的信息接收是不完整的。所以基于我们自身的感官系统来认识世界一定是佛教里所说的盲人摸象，只摸到了大象的尾巴，或者是一个脚指头，但会觉得这就是我认知的世界。一旦这种认知变成执见不可打破的话，就执着了，就构成了所谓的对外界的执着，也包括你对自己认知的执着。当别人的认知和自己的不同的时候，这就形成了矛盾，变成了对立面，进而我和世界的关系，我们心和世界的关系就出现了各种各样的问题。

这种“执见”是我们整个生活当中需要着重解决的问题。我们想要让事情和谐，就要打破执见，打破对世界的一些执见，对自我的一些执见。

我们对世界的执见太多了：我们以前认为地球是宇宙中心，后来变成太阳是宇宙中心，再后来又变成不知道什么是宇宙中心；我们以前认为牛顿经典力学说的相对论是对的。我们不断地打破固有的认知。这是必然会发生的，现在我们很多的认知也是错的。

我们对整个世界首先是感性的认知，进而发展到知性的认知，即对一些事物进行归纳和总结，再上升一个层次到理性的认知，理性的认知就是我们对世界建立了一个可用的模型，我们根据模型来认知这个世界。但是这些一定都是错的，一定会被反驳。最终，我们对世界认知的方式可能就是到圣人所讲的觉悟。

我们希望做到，而不是通过我们的感受去理解，我们的感受一定是有局限的，不完全是理性的，虽然今天用理性去理解世界是必然的。因为我们今天的社会发展最倚重的就是理性的科学技术研究，但是技术在不断地突破，科学的认知也在不断地突破，所以这种方式也是不完整的，我们还要寻求一些其他方式来认知世界。

我个人认为这个世界最终的本质就是能量。爱因斯坦狭义相对论认为质量乘以光速的平方就是能量，所以在我个人看来物质跟能量是可以相互转化的。当然很多理论我们现在还没有完全研究到。但所有的物质的能量最终是在一起的。

“形”和“意”，我们练的也是身心，在我看来可能到最后身和心都是一体的，我们的精神世界和我们认识的物质世界也是同一的。所以我们希望通过练形意拳，能够内心平静，更好地生活，更好地跟这个世界相处；通过练我们的内心，让我们的身体更健康。

我们现在很多身体疾病是因为有太多的困扰。很多身体疾病都是由思绪带来的、困扰带来的，是各种社会关系处理不当以及各种问题心理造成的。精神和物质一定是相互影响的。我们不是唯物的，也不是唯心的。物和心一定是相互影响的，相互有转化的。

所以，从小处讲，我们是练功夫、练站桩，希望身体健康，生活顺意；从大处讲，我们希望探索世界的本原。我希望有一天我们在打坐、站桩的过程中能够获得更终极的智慧——开悟。

第六章　武学道艺站桩通要摘录

达摩《易筋经》

膜论

夫一人之身，内而五脏六腑，外而四肢百骸；内而精气与神，外而筋骨与肉，共成其一身也。如脏腑之外，筋骨主之；筋骨之外，肌肉主之；肌肉之内，血脉主之。周身上下，动摇活泼者，此又主之于气也。是故，修炼之功，全在培养气血者为大要也。

即如天之生物，亦不过随阴阳之所至，而百物生焉。况于人生乎？又况于修炼乎？且夫精、气、神虽无形之物也，筋、骨、肉乃有形之身也。无形者有形之本也，此法必先炼，无形者为有形之培，有形者为无形之辅，有形者为无形之佐，培无形者，为有形之辅，是一而二，二而一者也。若专培无形而弃有形，则不可；专炼有形而弃无形，则更不可。所以，有形之身必得无形之气，相倚而不相违，乃成不坏之体。设相违而不相倚，则有形者亦化而无形矣。

是故，炼筋必须炼膜，炼膜必须炼气。然而，炼筋易，而炼筋难。

炼筋难，而炼气更难也。先从极难、极乱处立定脚根（跟），后向不动、不摇处认斯真法，务培其元气，守其中气，保其正气，护其肾气，养其肝气，调其肺气，理其脾气，升其清气，降其浊气，避其邪恶不正之气，勿伤于气，勿逆于气，勿忧思悲怒以顺其气。使气清而平，平而和，和而畅达，能行于筋，串于膜，以至通身灵动，无处不行，无处不到。气至则膜起，气行则膜张，能起能张，则膜与筋齐坚齐固矣。

如炼筋不炼膜，而膜无所主；炼膜不炼筋，而筋无所依；炼筋、炼膜而不炼气，则筋膜泥而不起；炼气而不炼筋膜，则气痿而不能宣达、流窜于经络，气不能流串，则筋不能坚固，此所谓参互共用，错综其道也。

候炼至筋起之后，必宜倍加功力，务使周身之膜，皆能腾起，与筋齐坚，固外著于皮并坚其内，始为了当。否则，筋坚无助。譬如植木，无土培养，岂全功也哉。

般刺密谛曰：此篇言《易筋》以炼膜为先，炼膜以炼气为主。然此膜人多不识，不可为脂膜之膜，乃筋膜之膜也。脂膜，腔中物也；筋膜，骨外物也。筋则联络肢骸，膜则包贴骸骨。筋与膜较，膜软于筋；肉与膜较，膜劲于肉。膜居骨（肉）之内，骨之外，乃包骨衬肉之物也其状若此。行此功者，必使气串于膜间，护其骨，壮其筋，合其精力（为一体），乃曰全功。

宋世荣先生论三体式

形意拳术有道艺、武艺之分，有三体式单重、双重之别。

练武艺者，是双重之姿势，重心在于两腿之间，全身用力，清浊不分，先后天不辨。用后天之意，引呼吸之气，积蓄于丹田之内，其坚如铁石，周身沉重，站立如泰山一般。若与他人相较，不怕足踢手击。拳经云：足打七分手打三，五行四梢要合全，气连心意随时用，硬打硬进无遮拦。此谓之浊源，所以为敌将之武艺也。若练至至善处，亦可以无敌于天下也。

图6-1　宋世荣先生像

练道艺者，是三体式单重之姿势，前虚后实，重心在于后足，前足亦可虚，亦可实，心中不用力，先要虚其心，意思与丹道相合。丹书云，静坐要最初还虚，不还虚，不能见本性，不见本性，用工皆浊源，并非先天之真性也。拳术之理亦然，所以亦要最初还虚，不用后天之心意，亦并非全然不用，要全不用，成为顽空矣。所以用劲者，非用后天之拙力，皆是规矩中之用力耳。还虚者，丹书云，中者虚空之性体也，执中者，还虚之功用也。

郭云深先生拳论摘录

（1）形意拳三体式桩法。

形意拳起点三体式，两足要单重，不可双重。单重者，非一足着地、一足悬起，不过前足可虚可实，着重于后足。以后练各形各式，亦有双重之式，虽然是双重之式，亦不离单重之重心，以至极高、极俯、极矮、极仰之形式，亦总不离三体式单重之中心。故三体式为万形基础。三体式单重者，得其中和之起点，动作灵活，形式一气，无有间断。双重三体式者，形式沉重，力气极大，唯是阴阳不分，乾坤不辨，奇偶不显，刚柔不判，虚实不明，内开外合不清，进退起落动作不灵活，所以形意拳三体式不得其单重之中和，先后天亦不交，刚多柔少，失却中和，道理亦不明，变化亦不通。自被血气所拘，拙劲所捆，此皆是被三体式双重之所拘也。若得着单重三体式中和之道理，以后行之，无论单重、双重，各形之式，无可无不可也。

（2）形意拳中站桩及练拳的三步功夫。

①易骨——练之以筑其基，以壮其体，骨坚如铁石，而威严壮似泰山。

②易筋——练之以腾其膜，以长其筋（俗云：筋长大力），其内劲纵横联络，生长而无穷。

图 6-2　晚清时期照片，坐者右侧起为：郭云深　车毅斋

③洗髓——练之以清虚其内，以轻松其体，内中清虚之象。神气运用，圆活无滞。身体动转，其轻如羽（拳经云“三回九转是一式”即为此意）。

（3）练形意拳术有三层之呼吸。

第一层练拳术之呼吸，将舌卷回，顶住上腭，口似开非开，似合非合，呼吸任其自然，不可着意于呼吸，因手足动作合于规矩，是为调息之法则，亦即炼精化气之功夫也。

第二层练拳术之呼吸，口之开合，舌顶上腭等规则照前，唯呼吸与前一层不同，前者手足动作，是调息之法则，此是息调也，前者口鼻之呼吸，不过借此以通乎内外也。此二层之呼吸，着意于丹田之内呼吸也，又名胎息，是谓炼气化神之理也。

第三层练拳术之呼吸，与上两层之意又不同，前一层是明劲，有形于外，二层是暗劲，有形于内。此呼吸虽有，而若无，勿忘勿助之意思，即是神化之妙用也，心中空空洞洞，不有不无，非有非无，是为无声无臭，还虚之道也。此三种呼吸，为练拳术始终本末之次序，即一气贯通之理，自有而化无之道也。

近代武学大家孙禄堂先生云

三体者，天、地、人三才之象也。在拳中有头手足是也。三体又各分为三节：腰为根节（在外为腰，在内为丹田）是也；脊背为中节（在外为脊背，在内为心）是也；头为梢节（在外为头，在内为泥丸）是也。肩为根节，肘为中节，手为梢节。胯为根节，膝为中节，足为梢节。三节之中各有三节也。此乃合于洛书之九数。

图6-3　孙禄堂先生

丹书云："道自虚无生一气，便从一气产阴阳。阴阳再合成三体，三体重生万物长。"所谓虚无一气者，乃天地之根，阴阳之宗，万物之祖，即金丹是也，亦即形意拳的内劲也。世人不知形意拳中内劲为何物，皆于一身有形有象处猜量，或以为心中努力，或以为腹内运气，如此等类不胜枚举，皆是抛砖弄瓦，以假混真。故练拳者如牛毛，成道者如麟角，学者不可不深察也。以后练习操练，万法皆出于三体式，此乃入道之门，是形意拳之总机关也。

许占鳌三体式论摘录

站三体式者，有迟速不等，因人之气质禀受不同也。至于开手开步练习，一形不顺不能练他形。一月不顺，下月再练；半年不顺，一年练。练至身体和顺，再练他形，非是形式不熟，亦是内中之气质未变化耳。一形通顺，再练他形，自易通顺，而其余各形，皆可一气贯通。拳经云：一通无不通也。

形意拳术三体式者，天、地、人三才之象也，即人身中之头、手、足也。亦即形意、八卦、太极拳三派合一之体也。此式是虚而生一气，是自静而动也。

太极两仪至于三体式，是由动而静也。再致虚极静笃时还于本性。此性是先天之性，不是后天之性，此是形意拳术之本体也。

此三体式，非是后天拙力血气所为，乃是拳中规矩传受而致也。此是拳术最初还虚之道也。

此理与静坐之工相合也。静坐要最初还虚，俟虚极静笃时，海底而生知觉，要动而后觉，是先天动，不可知而后动，知后而动，是后天妄想而生动也。俟一阳动时，即速回光返照，凝神入于气穴，神气相交，二气合成一气，再有传授文武火候老嫩，呼吸得法，能以锻炼进退升降，亦可以次而行功也。

因此是最初还虚，血气不能加于其内，心中空空洞洞，即是明心见性矣。前者自虚无至三体式，是由静而动，动而复静，是拳中起钻落翻之未发，谓之中也。中者，是未发之和也。

三体重生万物张者，是静极而再动，此是起钻落翻已发也。已发，是拳之横拳起也。

内中之五行拳十二形拳，以致万形，皆由此而生也。中庸云："天命之谓性，率性之谓道"，不动是未发之中也。动作能循环三体式之本体，是已发自和也。

和者是已发之中也。将所练之拳术，有过由不及而之气质仰而就，仰而止，教人改气质复归于中，是之谓教也。

故形意拳之内劲是由此中和而生也。俗语云拳中之内劲是鼓小腹硬如坚石，非也。所以形意拳之内劲是人之元神元气相合，不偏不倚，和而不流，无过不及，自无而有，自微而著，自小而大，由一气之动而发于周身，活活泼泼无物不有，无时不然，中庸云："放之则弥六合，卷之则退藏于密"，其味无穷，皆是拳之内劲也。

善练者，玩索而有得焉，则终身用之有不能尽者矣。三体式，无论变更何形，非礼不动（礼即拳中之规矩姿势也），所以修身也。

故一动一静，一言一默，行止坐卧皆有规矩，所以此道动作是纯任自然，非勉强而作也。古人云：内为天德外为王道，并非霸术所行，亦是此拳之意义也。

刘殿琛的丹田论

丹田者，阳元之本，气力之府也。欲精技艺必健丹田，欲健丹田尤必先练技艺，二者固互为因果者也。吾道皆知丹田为要矣，顾先师有口授而少书传，后之学者究难明其所以然，谨将受之吾师与廿年所体验者略述之。

所谓欲精技艺必先健丹田者，盖以丹田亏则气不充，气不充则力不足，彼五拳十二形空有架势，以之为顾法，则如守者之城池空虚；以之为打法则如战者之兵马羸弱，故必于临敌挫阵之际，常若有一团气力坚凝于腹脐之间，倏然自腰而背而项直贯于顶，当时眼作先锋以观之，心作元帅以谋之，钻翻横竖起落随时而应用，龙虎猴马鹰熊变化而咸宜，毫忽之间，胜负立判，此丹田充盈而技艺所以精也。

何谓欲健丹田必先练技艺？释之如下：或曰丹田受之先天，人所固有，自足于内，无待于外，但能善自保养，足矣，何待于练？窃谓不然。凡人不溺于色欲，不丧肾精，保养有方，则元气自充，如是者尤可延年益寿，然究不能将丹田之气力发之为绝技也。

欲发之为绝技必自练始，练之之法一在丁聚，·在于运。聚者即八要中所谓舌顶、齿扣、谷道提、三心并诸法也，又必先去其隔膜，如心肝脾肺肾之五关层层透过，一无阻拦，八要之中所谓“五行要顺”也。行之既久而后气可全会于丹田。然聚之而不善运，亦未能发为绝技，必将会于丹田之气力由背骨往上迴住于胸间，充于腹，盈于脏，凝于两肋，冲于脑顶，更兼素日所练之身体异常廉干，手足异常活动，应敌之来而架势即变，应架势之变而气力随之即到，倏忽之间千变万化，有非言语所形容者，此所谓善运也。总其所以聚之运之者要在平日之勤练技艺，非如求仙者之静坐练丹也。古之精于艺者以一人而敌无数之人，其丹田之气力不知如何充足。究其所以然之故，无一不自勤习技艺以练丹田始。后之学者即“丹田说”而善领会之，则可以入武道矣。

薛颠《象形拳法真诠》摘要

二十四法

顶、扣、圆、毒、抱、垂、曲、挺。每一要领对应人体三处，合计为二十四法。拳式站定，此八须具备焉，皆所以蓄力养气，使敌我者无所措，此亦五行拳特有者也。

三顶：头上顶，有冲天之雄；手外顶，有推山之功；舌上顶，有吼狮吞象之容。

三扣：肩扣，则气力到肘；膝胯扣则全身气凑；手足指掌扣，则周身力厚。

三圆：脊背圆，其力摧身；前胸圆，则两肘力全；虎口圆，则勇猛外宣。

三毒：心毒如怒狸攫鼠；眼毒如观兔之饥鹰；手毒如扑羊之饿虎。

三抱：丹田抱气，气不外散；胆量抱身，临事不怯；两肘抱肋，出入不乱。（另一说为三敏，即心敏、眼敏、手敏是也）

三垂：气垂则气降丹田；肩垂则肩能摧肘；肘垂则肘能摧手。

三曲：两肱宜曲，曲则力富；两股宜曲，曲则力凑；手腕宜曲，曲则力厚。

三挺：颈挺则精气实顶，腰挺则力达四肢；膝挺则有弹力。

九要

三弓：脊背相弓督脉上升；两肱两弓出势速猛；相股相弓进退灵通。

三垂：肩要下垂气力贯肘；肘要下垂气力至手；气要下垂丹田养守。

三扣：膀扣开胸精气上升；阴气下降任脉通行；手足指扣周身力雄。

三圆：脊背形圆精气身；身形势圆旋转通神；虎口开圆刚柔齐伸。

三顶：头上顶有冲天之雄；手上有顶摧山之功；舌上有顶吼狮威容。

三摆：两肘要摆摆肘保胸；身形宜摆摆身形空；膝摆步拗旋转灵通。

三挺：挺颈贯顶精气上通；势若挺腰气贯四梢；一身抖挺力达四霄。

三抱：胆量抱身临事不乱；丹田抱气气不外散；两肱抱肋出入不繁。

八论

论身：前俯后仰，左侧右斜，正而似斜，斜而似正，阴即是阳，阳即是阴。

论肩：精气贯顶，肩要下垂，两肘齐心，手势相随，身力至手，肩肘所摧。

论肱：左肱前伸，右肱掩肋，似曲不曲，似直不直，曲相弓形，出用返方。

论手：右手在肋，左手齐心，两手阴阳，用力前伸，手随身动，势出宜迅。

论指：五指各分，形相似钩，虎口圆开，有刚有柔，力要至指，须从意求。

论股：左股在前，右股后撑，似直不直，似弓不弓，进则用力，股如返弓。

论足：左足直出，右足斜横，步法莫紊，前踵对胫，两足旋转，足指扣定。

论谷：谷道提起，气通四梢，两跨转动，臀部肉交，势随身变，速巧灵妙。

四梢

筋梢：爪为筋梢，手足指功，手抓足踏，气力兼并，爪之所至，立生气功。

骨梢：齿为骨梢，有用在骨，切齿则发，威猛如虎，牙之功用，令人胆怵。

血梢：发为血梢，怒发冲冠，血轮若转，精神勇敢，虽微毛发，力能撼山。

肉梢：舌为肉梢，卷则降气，目张发竖，丹田壮力，肌肉像铁，脏腑充实。

王芗斋先生站桩摘录

养生站桩歌：

养生桩，极容易，深追求，头万绪，用功时，莫着急，应选个适当场地，充足阳光，流通空气，有水有树更相宜。不论行走坐卧和站立，要内外放松，身躯挺拔，腰脊骨垂线成直，浑身大小关节，都含着似曲非直意。

守空洞，保清虚，凝神也静气，臂半圆，腋半虚，体会无微不舒适。不思考，不费力，心脏无负担，大脑得休息，想天空虚阔，洗涤情缘和尘俗万虑。

虚灵独存，悠扬相依，绵绵如醉也如迷，笑卧如在水中宿，返婴寻天籁，平凡无奇有天趣，师法当遵守不可太拘泥，这里边包罗着无限深思和甜蜜。动转颇似水中鱼，自在自在真自在，先哲并无其他异。

再谈试验各种力，名称用途各不一。有形或无形，有意或无意，具体、局部、自动、被动及蓄力，有定位，无定位，应用和练习。大都是骨藏棱、筋伸力，沉、托、分、闭、提、顿、吞、吐、筋络鼓荡弹簧似，毛发根根意如戟，一面要含蓄缠绵力旋绕，一面要斩铁截金，冷决脆快，刀剪斧齐，曲折路线存松紧，面积中分虚实，忽高忽低，高低随时任转移。

精神犹怒虎，气质若灵犀，身动似山飞，力涨如海溢。

这种学术并不太稀奇，都是以形取意，抽象中求具体的切实。

站桩即立稳，平均之站立也。初习为基本桩，习时须先将全体之间架配备，安排妥当，内清虚而外脱换，松和自然，头直，目正，身端，顶项竖，神庄，力均，气静，息平，意思远望，发挺腰松，具体关节，似有微曲之意，扫除万虑，默对长空，内念不外游，外缘不内侵，以神光朗照颠顶，虚灵独存，浑身毛发，有长伸直竖之势，周身内外，激荡回旋，觉如云端宝树，上有绳系下，下有本支撑，其悠扬相依之神情，喻曰空气游泳，殊近相似也。然后再体会各种细胞（部筋肉）动荡之情态，锻炼自得，自知为正常运动。

夫所谓正常者（夫所谓正常运动者，在运动中能使心脏之搏动增加而呼吸却不失常态，即不憋气，不缺氧之谓也），即改造生理之要道，能使贫血者，可以增高，血压高者，而降低。盖因其勿论如何运动，永使心脏之搏动，不失常态，平衡发达，正常工作。然在精神方面，须视此身，如大冶洪炉，无物不在陶熔体认中。但须察觉（周身）各项细胞为（均在）自然之同时工作，不得有丝毫勉强，更不许有幻想。

如依上述原则锻炼，则全身之筋肉不锻而自锻，神经不养而自养，周身舒畅，气质亦随之而逐渐变化，其本能自然之力，由内而外，自不难渐渐发达。然切记身心用力，否则稍有注血，便失松和，不松则气滞而力板，意停而神断，全体皆非矣。

总之，无论站桩与试力，或技击，只要呼吸一失常，或横膈膜一发紧，便是错误，愿学者宜慎行之，万勿忽视。

宋光华先生论《内功四经》

《内功四经》与武术锻炼关系极为密切，它符合武术锻炼生理要求，与形意拳理结合后，更加完善与丰富了形意拳的内容。经宋世荣老先生反复的研究与实践，确实证明了这一点，进而也引起了众多武术爱好者的兴趣。然而，由于理解与体会不尽相同，所以，武术界对此有不同的看法与认识。现将本人的一些肤浅认识与部分体会作简要介绍，以供武术爱好者参考。

《内功经》一开始就讲道："内功之传，脉络甚真。"即言："内功之要第一要知脉络，脉络不知，勉强用之无益有损。"这里主要讲到任、督两脉在人体正面中线，起于承浆直下阴前高骨；督脉在人体后面中线，起于尻尾直上由夹脊过泥丸下印堂至人中而止，这与《内功经》介绍是一致的。据有关资料介绍，督脉，大约相当于现代医学所述的中枢神经系统的脊髓神经；任脉则相当于现代医学的自律神经系统。经文还讲到"前任后督气行滚滚，井池双穴发劲循循"。任督两脉是气路，与井、曲双穴配合发劲。井即肩井穴，在肩头分中；池即曲池穴，在肘头分中。脉络、气路运行于内，直观上肉眼是看不见的，所以说只能意会。笔者认为，任脉即胸肋、督脉即肩背，用形象之比喻，人在拉车时头要低一点，才感到出气顺畅，能用上力，这是肩背之劲；在推车或推托一些物体时，则要头稍抬一点，这样能用上劲，出劲入法。所以说气力发自肩背时为督脉劲，具体到臂部，即臂之外侧；气力发自胸胁是任脉劲，具体到手臂时，即臂之内侧以至掌根。在《宋氏形意拳》中写到发劲方法："内外相合，上下互撑，左右争衡，前后互为作用，全身整体配合，掌握先松后紧、紧而速松、随松随紧、贴背转斗、松肩出劲的六合整体劲锻炼方法，进行发劲练习。"上述内外相合是外形、神意、外力要与内意、内劲、内气（《内功经》的要求）相合。上下互撑是头要顶、领，保持中正，下颌提收，颈部竖直，提胸下腰，按肩练步，逼臀竖膝等，均有上下互撑之意，即头、颈、胸上提，肩往下沉，两臀极力贴住下催于膝，足趾抓地与膝配合，膝部处屈内直（委中大筋伸直），上述一上一下形成互撑。左右争衡是左侧发劲右侧用力，反之亦同；裆胯、两膝、两踝均要求内外争衡，否则身体容易偏离中心而失控，造成气不顺，劲不整，为此必须左右兼顾，保持身体中正，手脚协调，角度适当，即便在身体不平衡的情况亦要通过躯体的调整保持平衡。例如，练熊形时，两肩的发劲必须平衡，否则用不上劲，而使自身失去平衡。前后互为作用，是指双脚三体式步站立，前脚向前蹬踏地面，其反作用于后面，后脚向下蹬踏地面，其反作用于前，双脚合力通过与膝的相互作用，集中力量汇集于胯腰，形成中节力量，这样在两腿四面相交的情况下，稳固了底盘。脚的蹬踏力越大，反作用越强。

经文中这样讲道："足坚而稳，膝屈而伸，裆深而藏，胁开而张，足既动，膝用力，前阴缩，两胁开。"在上身则是沉肩、含胸、拔背，并要求两背骨用力贴住，将肩松开，劲力顺达梢节而出，这就是经文所述："头正而起，肩平而顺，胸出而闭，背平而正；贴背以转斗，松肩以出劲。”结合内外三合，先松后紧，在瞬间紧缩骤然发出抖绝之劲（爆发劲）。在发劲前必须保持松的状态，即经文所讲“松涣者柔之极也”，即松柔之时，犹如绳子一样，不屈不僵，柔韧自如。这样可使人体各系统，如神经系统、循环系统、淋巴、内分泌系统等生理机能在放松的情况下正常运行，保持充沛旺盛的活力，蓄以待发。否则，即造成紧张、僵滞、迟钝待等状态。经文云：“悍萃者，刚之极也，气血凝聚之谓。”即悍如水情，乃指在发抖绝劲（爆发劲）时，犹如冰崩、弹炸一般，清脆果断，干净利落，瞬间全身紧缩发生出整体之劲。此劲在动态中近似汽车在急驶中紧急刹车时的惯性力，如在静态中，即不动步的情况下发劲，亦要全身放松，在适当的距离，以最短的时间、最快的速度，骤然发出很大的抖绝整劲，此是内动而外静的体现。“紧而速松，随松随紧”，是说在发劲后即速放松，使各器官尽快恢复正常状态；“随松随紧”是指在连续击打情况下的状态。总之，笔者认为，《内功经》所述是符合人之生理，具有矛盾统一的观点。经文后面还谈到劲诀，有些劲诀在套路中已谈及一些，有的尚须习者在明师的指导下自悟之。

静与动是两个对立的名词。从宏观来讲，它表示自然界物理现象中的两种对立状态；从微观来说，是指人生的活动与静止、行动与休息的两种状态。“万事从一起，万事静中得”“水静则清、人静则神明”“静为万法之宗”，都指人生的活动与静止、行动与休息的两种状态。“万事从一起，万物静中得”“水静则清，人静则神明”“静为万法之宗”，都说明静的重要。动与静都是道的功用，道在一动一静之间，也可以说在动静之中（一阴一阳谓之道），所以不能认为“静”便是道。

求静是养生与修道的必然方法，也可谓基本方法。“静”包括形体静，思想静，环境静。一切生命功能的泉源都从静中生长，那是自然功用。在自然界中，任何动物、植物、矿物的成长，都从“静”态中充沛它生命的功能；一朵花、一粒种子都是在静态中成长、发育与凋谢。人的生命亦是经常需要与活动相反的“休息”。睡眠是人要休息的一种惯性姿态。人生往复不绝的生命功能，也都靠充分的休息来得到勃勃生机。然而，人们习惯于动态，这是一般人的生理和心理状态。但在社会的交往中，意识、思想、知觉、情感、私心杂念……有如“无尽长江滚滚来”的感觉，这就需要寻找入静之途径。入静的过程说白了就是与情欲、躁动和私心杂念做斗争的过程，练习静功的方法有多种，不妨可按《内经功》中的“五气朝元”与“调息”的方法试练（在《宋氏形意拳》的“静功练习”中做过介绍）。一个人在工作、学习、劳动、运动一天后，得不到充分的休息，身体各器官的功能是得不到恢复的，或者休息不好，睡眠不良，阴阳不平衡，则严重或不同程度地影响到工作、学习和生活，形成精神不振、反应迟钝、动作缓慢、力不从心、效率不高，甚至神经衰弱等状态。所以，只有从事科学的锻炼，加强营养与卫生，改善不良的习惯，调整好情绪，合理安排工作与休息，以便全身的神经、器官得到充分的恢复，做到劳逸结合、动静平衡，即可逐步达到内外兼修的良好效果。

《神运经》主要讲在内功、纳卦的基础上对武术技艺在竞技对抗中的应用，以及应当注意的方式、方法与技巧等。它首先讲到步法的进退、身体的起伏、动静的内外配合、横竖劲力的妙用等。其次讲到“以形击形自到后而乃胜”，即在以形击形时，对方因迟缓、防化不当、预测不准等被击出或击倒，但毫不怕意，在改变方式或调整进攻方法后乃有取胜的机会，也就是说水平接近。“以气击气，手方动而不畏。”气，亦有先天与后天之分。先天气曰元气，来自混沌之物；后天气则来自呼吸之气和水谷之气。两者相合称为真气，遍及人体各个关节部位，联结内脏、外肢、血肉，来维持生命的正常活动。“气者，人之根本也，根绝则茎片枯矣。”这里所讲之以气击气，是指对方水平有所差别，即所称之“冷手”，就是说在对方无防备之时，突然快速击打有效部位，使对方感到很突然，始无所料，甚至感到呼吸受阻，所以心理紧张，动作不自然，这叫“气攻气伤而怯于心”。“以神击神，身未动而得入”，神，它通常意义，尤其是与哲学意义上的“精神”概念上是有较大不同的。神，指的不仅是人的意识活动，亦指人体的调节功能。它的产生一为先天人的生命所给予的元神，二是后天水谷之精气。“元神者，脑中无念之正觉也。”元神可能还有更深之含义，有待后学者发掘之。所谓神，指心神、神志、精神、元神等。以神击神，是指双方水平差异较大，对方看到其神色、神态咄咄逼人，无法还击，并有恐惧感，即使冒险亦无取胜信心，故不敢接近，所以说“身未动而得入”。譬如一个手无寸铁的人，突然看到一只饥饿待食的野兽，它两只炯炯有神的眼睛虎视眈眈地盯着，即感到坐以待毙，毛骨悚然。此即“神攻神伤而索于胆”。其三，讲到技击时要沉着，身宜稳而步宜坚。呼吸与全身动作自然配合，身体平衡，对准目标，手脚齐到，动作疾速。其四，特别强调根节必须稳固。在练好内功、纳卦的基础上练好十二大力法，同时，针对对方掌握好高低、上下、远近、迟速、虚实、大小等变化，以及刚柔相济之配合和用身体各个部位击打对方的法则。

宋世荣先生曾讲："应敌之时，当刚则刚，当柔则柔，起落进退变化皆可因敌而用之也。"又言："物之伸者是吾拳之长劲也，物之曲者是吾拳之短劲也，亦吾拳之划劲也，物之曲曲弯转者是吾拳之柔劲也，物之往前直去猛快者是吾拳之刚劲也。"《神运经》中亦讲道："以柔用刚方是真刚，以柔用疾方是真疾，此中定妙，皆得之于象，而非可以形迹求也。"从上述可以得知，在发劲时刚中寓柔，柔中寓刚，刚柔相济，则刚与柔化皆有之。

《地龙经》顾名思义，好像在地面上的"龙"一样，它能发挥下部运动关节部位的各种功能，正如《地龙经》最后一句，"高低任意，远近纵横"。《内功四经》原跋中写到，必须从内功入手，学练纳卦次之，神运又次之，地龙收功。这说明身体练得结实灵活，全身主要关节部位均可变化应手，即大成矣。

《内功经》

宋世荣二十四岁时，又结识了燕都刘晓棠先生。刘晓棠先生曾供职于沈阳故宫工部库中，库中藏有武学秘籍《内功四经》。此《内功四经》包括《内功经》《纳卦经》《神运经》《地龙经》。刘晓棠遂将《内功四经》赠送给宋世荣。宋世荣得到《内功四经》之后，反复精研习试，并结合家藏《易筋》《洗髓》二经，于内功方面专心研究，其后又融会贯通太极、八卦诸拳，独创出了内功精深、发劲（力）独特、别具风格的宋氏形意拳。

原文：

内功之传，脉络甚真。

内功之要第一必先知脉络，脉络不真，勉强用之，无益有损。

前任后督，行气滚滚。

任脉起于承浆，正直下行，胸腹分中，至前阴高骨而止。督脉起于脊尾尽处，正直上行夹脊背过泥丸下印堂至人中而止。此二脉前后行气滚滚者，久而用之气来之盛也。

井池双穴，发劲循循。

井者，肩井穴也，在肩头分中；池者，曲池穴也，在肘头分中，左右各有一穴，此周身向外发之穴也。用功之时，不可过于猛烈，须以从容为之，循循者，以渐而入之意也。

千变万化，不离其本；得其奥妙，方叹无垠。

本者自然之真气也，此总言内功之奥妙，千头万绪难以尽穷，而其要旨总不离乎自然之真气也，学人正要尝未有奥妙者。用功之久，心有所悟，而后叹其奥妙无穷也。

龟尾升气，丹田炼神。

龟尾者尻骨尽头处也，用力向上翻起，则真气自然上升矣。丹田者，脐下一寸二分，丹田穴用功之时，存想真气元神藏于此处，而神炼矣。此皆神化之机，可以意会想悟，不可形迹推求也。

气下于海，光聚天心。

小腹正中为气海，额上正中为天心穴，言真气既下，自然威光满面，诚中形外之验也。

既明脉络，须观格式。

格式者，入门一定之规也。承上文言，既明脉络，以后必须知周身一定之格式也，格式不知，脉络之言亦空谈矣。

头正而起，肩平而顺，胸出而闭。

正头以壮满面之神，顺肩以活两背之势，出胸以足周身之威，此上部之格式。然正头须提项来，顺肩须四面平正，不可略有歪斜，胸虽出而有收敛之意，此式中之真窍也，不可不知之者也。

足坚而稳，膝曲而伸；裆深而藏，肋开而张。

步虽有上下，而足必须极力坚固稳住，不可摇动；膝之为功，外曲内直，言其势虽曲而必用意伸之；前阴向后极力缩起，自然深藏也；两肋骨缝俱要极力开张，以合出肋之势。

气调而匀，劲松而紧。

用功之时，气如抽丝，自鼻出入方不损伤脏气，此气之所以必用匀也，调之者出入之息也。劲必先松以用紧也，唯其松之极，故能紧之至也。故以松用紧，非以紧使松也。

先吸后呼，一出一入；先提后下，一升一伏；内有丹田，气之归宿。

承上文言气调而匀，发明用气法，吸入呼出，勿使有声可闻，此调气之法也。提之者存想真气上升至顶也，下者升气后真气落下也；伏者真气深藏于内，意想真气渐收渐小，坠于丹田，如龙之蛰，如虎之卧，潜伏不动也。

下收谷道，上提玉楼；或立或坐，吸气于喉；以意送下，渐沉至底。

承上文言下气之法也。谷道者，后阴也，收之者，惧气之泄也；玉楼者，耳后高骨也；提之者，自然下气无阻碍也。不拘坐立用气，皆自喉而入方能得气之真路以入肺，入心，入肝，入肾也。气虽入丹田，用意时必存想真气沉至底之势方妙。

升有升路，肋骨齐举；降有降所，俞口气路。

此言真气升降之经路也，升时自两肋骨缝而升，故须极力开张，向上举之，自然得窍。降时必自背脊俞口穴而入，透前心方得气之真路。俞口穴自脊骨上下数之第七节便是。

既明气窍，再释劲诀。通、透、穿、贴、松、汗、合、坚。

曰通，劲之顺也；曰透，劲之递也；承上文言，劲松而紧，言练气之法也。通透言自此至彼往来无碍，“柔软”之意为之。曰穿，劲之连也；曰贴，劲之络也。穿贴者，横竖连络之谓也，横络为贴，竖连为穿，属阳伸筋拔力，以刚坚凝结之意谓也。曰松，劲之涣也；曰汗，劲之萃也。松者柔之甚，软之极，养精蓄锐之意也；汗者刚之甚，健之极，气血结收之谓也。松如绳之系，汗如冰之结，二者有交互相济之道，盖柔能济刚，刚能济柔也。曰合，劲之一也；曰坚，劲之能也。合者，周身骨节合而为一也；坚者，横竖之谓也，此视穿贴二劲更进一层。

按肩以练步，逼胯以坚膝；圆裆以坚胯，提胸以下腰。

此下步之真窍也。人皆练步，而不知练步之窍，在于按肩也。按肩者，收肩井穴之劲沉至足底涌泉穴也。人皆知坚膝而不知坚膝之窍，在乎逼胯者，将两臀极力贴住也。人皆知坚胯而不知坚胯之窍，在乎圆裆也，将裆极力向外挣横也。人皆知下腰矣，而不知下腰之窍在乎提胸也，将胸用力提起也。

提颏以正头，贴背以转斗，松肩以出劲。

颏骨用力向上提起，自然正项矣。两背骨极力贴住，意其劲自膊下而出至六腑穴向外转出，至斗骨而回，出劲之时将肩井穴用极软之意松开，自然无阻碍也。

折天柱以下气，视合谷以立门。

天柱穴，在后高骨，上下气之时，极力贴之，自得其窍；合谷穴，俗名虎口穴，遇敌之时，将手擎起会与耳齐，专睛视之，此玄门之法也。

横劲竖劲，辨之分明，横以济竖，竖以横用。

以一身而言，自井顶至于足底竖劲也，自背骨至于手头横劲也；以一背而言，自腋至于两肩云门穴竖劲也，自六腑转于斗骨横劲也；以一腿而言，自内胯至于足底竖劲也，自膝至臀横劲也。总而言之，横中有竖，竖中有横，遇敌之时，横以克竖，竖以克横也。

五气朝元，周而复始；四肢之首，收纳甚妙。

此总言内功一贯之道也，吸天地之精气纳入丹田，运丹田之真气自两腋升于顶。升气时自有真气自俞口降于丹田，此一气朝元也；运丹田真气自裆内下于丹田足底，下气时自即有真气起于足底，自外裆升于丹田，左右合计二气朝元也；运丹田真气自背底下于丹田左右合计此二气朝元也，总共五气朝元也；一升一降，一下一起，一出一入，并行不悖，周流不息，无住时也。久而用之，妙处甚多，此乃炼神之极则返本元之妙道也。

天地交泰，水升火降；头足上下，交接如神。承上文言，朝元功夫，久而精之，真水自然而升，其火自然而降，上下神气练得浑然如一，如天地交泰，有神化而测之景也。

静升光芒，动则飞腾。

承上文言，功夫在内之窍，此节言功夫形之验。真气足于内，气色于外，虽隐而不动；满面神光，精华远射，令人不能正视；此静之妙也。气腾于形，形随乎气，以意帅神，以神帅气，以气帅形，故任神气所之，而形莫能为之累，如龙之腾云，如鸟之飞空，忽然而来，倏然而去，此功之妙也。

参考文献

[1] Robert Schleip Amamda Baker. 运动筋膜学 [M]. 关玲，译 . 北京：人民卫生出版社，2017.

[2] 刘殿琛 . 形意拳术诀微 [M]. 王银辉，校注 . 北京：科学技术出版社，2017.

[3] 孙禄堂 . 拳意述真 [M]. 北京：科学技术出版社，2016.

[4] 王芗斋 . 意拳拳学 [M]. 北京：体育大学出版社，2006.

[5] 宋光华 . 宋氏形意拳 [M]. 太原：山西科学技术出版社，1999.

后 记

历经数十个昼夜疾书,《桩法一得》终于完稿，我也舒缓了一口气。

2020 年是特殊的一年，受全球“新冠肺炎”的影响，人类对于健康的需求上升到了唯一。

我是 10 余亿中国人中普通一员，从小浸润着中华民族质朴的传统文化一路成长。武术是中华民族精神面貌的象征，而站桩又是中国武术强身养性的精髓。这次疫情期间，我的学生谢志义务为江西援鄂医护人员提供站桩、易筋经及形意拳的运动康养活动，受到医护人员及相关领导的一致好评。后期我又组织团队及教练员进行了多期的医护人员网络爱心义务教学活动。

中国传统内家拳是以武入道，修己利他。通过站桩、练拳来提升免疫力，消除身体疾病，获得健康体魄，进而获得正念和勇气，消灭自己心中的灰暗，从而解除来自内心深处的各种无形压力。当自己的身心问题解决了，就把这个方法传授他人，让他人同样受益，以达到“穷则独善其身，达则兼济天下”的道德修养。

本人承蒙历代前辈及恩师厚爱得授功夫法脉，为了传承、传播站桩及形意拳文化，我放弃了原先安逸的工作，致力于让更多的人通过练功获得身体健康，内心光明。如果我们的身心真正健康了，那么必将呈现出强大的生命活力，我们的家庭、事业也都会得到幸福安康、和谐圆满。

本书是我数十年的一些心得体证，对站桩进行了一些较深层次的解析，适合初、中、高等不同层次的同道参考互证。

本书旨在抛砖引玉，对武术中看似索然无味的站桩进行了一些深层次的引领。

杨巧智女士在文字整理工作中给予了精心帮助，王岱宗先生助力部分文字审校，在此表示深深感谢。

易诺青先生、张少波先生在本书编写过程中给予了诸多无私支持，在此深表感谢。

本书在编撰过程中，参考引用了一些网络及相关文献图文，在此致以诚挚谢意。由于时间仓促，个人修为及条件所限，本书难免有瑕疵所在，欢迎业内专家及各位前辈师友批评指正。

付洪波

2020 年 9 月